橋本健二
Kenji Hashimoto

アンダークラス2030

置き去りにされる「氷河期世代」

毎日新聞出版

アンダークラス2030

置き去りにされる「氷河期世代」

はじめに　コロナ禍と「永続する氷河期」

本書は、いわゆる就職氷河期世代に焦点を当て、その誕生から現在までを、社会的背景を重視しながら描こうとするものである。この主要部分を執筆したのは、新型コロナウィルス感染症の蔓延《まんえん》が始まり、これにともなって緊急事態宣言が出された二〇二〇年四月半ばから五月初めの時期のことだった。以下の各章でも、コロナ禍が氷河期世代に与えるであろう影響について、いくつか言及してはいるが、事態が流動的だったこともあり、最低限にとどめざるを得なかった。

この文章を書いている八月上旬の段階でも、将来を見通せるだけの材料は揃っていない。しかし、次のことは指摘しておかなくてはならない。それは、今回のコロナ禍を契機に就職氷河期が再来し、さらに就職氷河期が永続化する可能性があるということである。すでに多くの企業が来年度の新卒採用を取りやめたり、採用活動を手控えたりしている。新卒採用が縮小することは確実であり、この傾向はその後も続くだろう。過去の例からみて、このことは日本の労働市場にさらなる変化を生む可能性が高い。

詳細については第1章で述べるが、ここで大卒者の就職状況の推移を確認しておこう。次のグラフは、大卒者の就職率、そしてフリーター、または就職も進学もしない無業者になったとみられる大卒者の数の推移を示したものである。就職率を計算する際には、就職ではないもののまっとうな進路を進んでいると思われる、大学院等への進学者と臨床研修医を分母から除いているので、一般に就職率とされている数字より少し高くなっている。また二〇一二年からは、非正規雇用者として就職した大卒者の数が示されるようになったので、これを分子から除いて計算した就職率と、これを追加したフリーター・無業者数も示しておいた。ちなみに数字は年度ではなく卒業年のものなので、一九八五年の数字は、一九八五年三月卒業者のものである。

バブル直前の一九八五年からバブル崩壊直後の一九九三年までは、就職率が八〇%台半ばから九〇%近くに上っている。フリーター・無業者は、四万人から六万人程度である。

**新規大卒者の就職率と
フリーター・無業者となった新規大卒者数の推移**

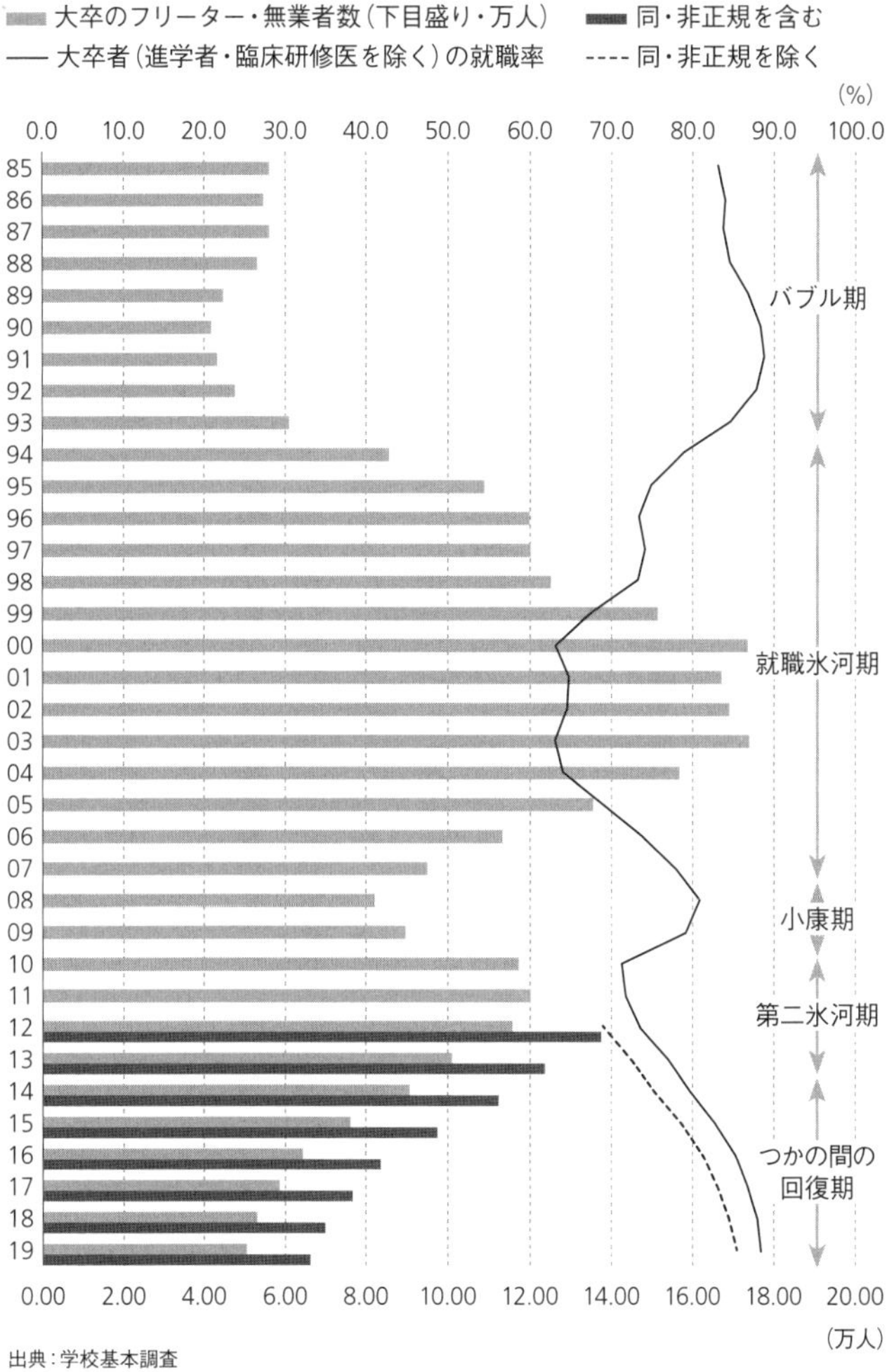

出典：学校基本調査

フリーターという言葉が生まれたとされる一九八七年にはフリーター・無業者の数が五・六万人に上っているなど、好景気のもとであえて就職しない道を選んだ若者たちが一定数いたことがうかがえるが、圧倒的な少数派といっていいだろう。ここまでを「バブル期」と呼んでおくことにする。

ところが一九九四年になると、事態は一変する。就職率は七九・二%へと急落し、フリーター・無業者も八・六万人に達する。就職氷河期の始まりである。就職率はさらに低下を続け、フリーター・無業者は激増する。氷河期のピークといっていいのは二〇〇〇年で、就職率はわずか六三・三%、フリーター・無業者数は一七・四万人に達した。進学者と臨床研修医を分母に加えた就職率は実に五五・八%で、大卒者の「約半分」しか就職しない時代だった。その後は就職状況が回復するが、就職率（八一・〇%）が一九九四年を上回り、またフリーター・無業者数（八・二万人）が同じく下回るのは二〇〇八年のことだった。したがって一九九四年から二〇〇七年までを「就職氷河期」、この時期に卒業を迎えた世代を「就職氷河期世代」と呼ぶことができる。

就職状況の改善は、長くは続かない。二〇〇八年に到来したリーマン・ショックの影響は少し遅れて現れ、二〇一〇年には就職率が七一・六%と急落し、フリーター・無業者数は一一・七万人に跳ね上がった。その直前の二〇〇八年と二〇〇九年の二年間は「小康期」と呼ぶことができる。就職率が再び八〇％に達し、フリーター・無業者数が一〇万人を切るのは二〇一四年になってからのことで、二〇〇〇年から二〇一三年までの四年間は「第二氷河期」と呼んでいいだろう。

二〇一四年以降は、就職状況が着実に改善してきたようにも見受けられる。非正規雇用者を考慮せずに比較すれば、二〇一九年までに就職率はバブル期並みの九割弱に達したし、フリーター・無業者は五万人程度にまで減少した。たしかにここ数年間は、就職に苦労する学生をみかけることが少なくなっていた。

ただ非正規雇用者まで考慮に入れれば、「バブル期並み」というのはいいすぎだろう。就職率のなかには、非正規雇用の分が三－四％ほど含まれているし、非正規雇用者をフリーター・無業者に加えれば、その数は依然として七万人近くになる。またこの時期は、嘱託や契約社員などとして企業に残っていた、一九四七－一九五一年生まれの団塊世代が完全引退した時期にあたっており、一時的に採用数が増加した側面もあっただろう。それでも大卒者の就職状況が改善したのはたしかに事実だから、大卒者がすんなり就職できるのが普通の状態であり、「就職氷河期世代」は不運な一部の人々なのだというイメージが生まれるのも無理はないかもしれない。

しかし、以下の各章を通じて明らかにするように、就職氷河期以前の世代との比較からみれば、就職氷河期世代以降の世代には、就職氷河期世代との違いよりも、むしろ共通点のほうが多い。非正規雇用比率は基本的に高止まりしていたし、未婚率が高いこと、少子化傾向が強いことなども共通している。コロナ禍以降の世代も、基本的に変わらないだろう。今後の研究によって明らかにされるはずだが、二〇一四年から二〇一九年の間に卒業した若者たちは、事情が違うのかもしれない。しかし、仮にそうだったとしても、この世代は幸運が重なった「つかの間の回復期世代」ともいうべき世代だと考えるべきだろう。

そもそも日本の労働市場は、危機に陥るたびに同じ方向への変化を繰り返してきたといっていい。労働統計における雇用形態の分類は時期によって異なるので、正確な比較は難しいのだが、次のような流れがあったことは間違いないと思われる。

高度経済成長が終わった一九七〇年代後半には、正規雇用の拡大がストップし、非正規雇用の拡大が目立つようになった。バブル経済の時期には、正規雇用・非正規雇用ともに拡大したが、拡大の幅は非正規雇用のほうが大きかった。そしてバブルが崩壊すると、正規雇用は縮小に転じたのに対して、非正規雇用は飛躍的な拡大を続けた。リーマン・ショック後にも、こうした変化が繰り返された。

こうした過去の例から考えれば、今回のコロナ禍は、同じ方向への変化、つまり正規雇用の縮小と非正規雇用の拡大をもたらす可能性が高い。仮にそうなれば、「つかの間の回復期世代」はあくまでも例外なのであり、氷河期世代以降の世代は、氷河期世代と基本的には変わらない、つまり新卒時点で非正規雇用者として社会に出て、その後も困難な状況から脱することのできない人々を多く含む世代であり続けることになるのではないだろうか。つまり、「永続する氷河期」である。

本書をお読みいただければ、就職氷河期の到来を境にして、日本の雇用の構造と働く人々の生活には不可逆的な変化が生じたということがおわかりいただけると思う。何か根本的な対策を考えない限り、氷河期世代に起こったことは、程度の違いはあっても今後のすべての世代に起こるだろう。このことは日本の社会を好ましくない方向へと変質させ、人々は、比較的安定した生活を送り、家族を形成して子どもを産み育てることの可能な相対的多数派と、それが不可能な相対的少数派とに分断され続けるだろう。

こうした未来を避けることができるかどうか。それは、日本社会に生きるわれわれ次第だというしかない。しかし残念ながら、社会の変質は相当程度に進んでおり、すでにタイムリミットに近いといわざるを得ないようである。

二〇二〇年八月

橋本健二

アンダークラス2030 置き去りにされる「氷河期世代」＊目次

第3章 「格差世代」としての氷河期世代

第4章 氷河期世代は政治を変えられるか

終章　日本の前にある二つの道

ブックデザイン・図表　鈴木成一デザイン室
編集協力　折笠由美子
ＤＴＰ　センターメディア

序章

二〇三〇年に日本で起こること

1. 新しい下層階級が全貌を現す

二〇三〇年が日本社会の転換点となる理由

二〇三〇年は、日本社会の大きな曲がり角になりそうだ。というのは、格差拡大によってもたらされた日本社会の構造転換が、ついに完成するからである。これには、二つの理由がある。

第一に、バブル期に登場したフリーターと呼ばれる若者たち、つまり学校を卒業した直後から非正規労働者として働く若者たち――というより「元・若者」たち――が、六五歳に達するからである。これによって、非正規労働者として生涯を送ることが珍しくないものとなった世代が、現役世代の全体を覆うことになる。そして学校を出れば正規雇用で働くことが当たり前だった世代は、社会から退いていく。これは「格差社会」と呼ばれるようになった日本の、いわば「格差社会化」が完成することを意味する。

第二に、こうしたフリーターたちの最初の世代に続く世代である氷河期世代、つまり二〇〇〇年前後の十数年間の就職氷河期に社会に出た若者たちが、四〇歳代後半から五〇歳代となって、社会の中枢を占めるようになるからである。のちに詳述するが、この世代には、フリーターが出現し始めたひとつ前の世代に比べて、非正規労働者として社会に出た人の比率が格段に大きい一方で、普通に就職してキャリアを積んだ人々も少なくない。したがって内部の格差が大きい。このため格差拡大を容認するか否かをめぐって、世代の内部に深刻な対立を抱えている。この世代が社会の中心を占めるようになれば、日本社会は格差の問題をめぐる対立を深め、分裂の危機に直面する可能性がある。

ここに至るまでの経過を、ふりかえってみよう。

フリーターの登場

一般に「フリーター」という言葉は、リクルート社のアルバイト情報誌「フロム・エー」の編集長だった道下裕史が、一九八七年に使ったのが最初だとされている。彼によるとこれは、「人生を真剣に考えているからこそ就職しない」「夢の実現のために自由な時間を確保しようと、定職に就かずに頑張っている人」という意味を込めた言葉で、「フロム・エー」の大事な読者層を応援したいという意図があったのだという。*1

それまで非正規雇用の労働者というのは、学生アルバイト、パート主婦、定年後の嘱託《しょくたく》のように、人生の一時期だけのものが大多数だった。もちろん一部には、ほぼ生涯にわたって日雇労働者や臨時工などとして働く人もいたのだが、高度経済成長期以降は少なくなっていた。ところがフリーターたちは、学校を出てすぐに非正規労働者となり、そのまま非正規労働者であり続けることが多い。当時は新規学卒一括採用の慣行が十分に機能しており、若者たちは高校や大学を卒業してすぐに正規雇用の職に就くのが一般的だった。にもかかわらず卒業後、非正規雇用の職に就く若者たちが登場したことは、人々を驚かせた。このときフリーターとなった元・若者たちを、「フリーター第一世代」と呼ぶことにしよう。

氷河期世代の誕生

当時はバブル景気の始まったころで、新規学卒者は引く手あまただったから、希望すれば、そしてあまりにも高望みをすることさえなければ、ほぼ間違いなく正規雇用の職に就くことができた。だからこの「フリーター第一世代」に、自ら望んでフリーターになった若者たちが多かったのは事実なのだろう。しかし、こんな時代は長続きしなかった。バブルはすぐに崩壊し、新規学卒者の求人が急速に縮小したからである。とくに一九九〇年代も半ばを過ぎると、就職難は深刻を極めるようになった。若者たちの就職状況は一変し、正規雇用の職に就くことができず、やむを得ず非正規雇用で働く若者たちが急増した。

それでもしばらくの間は、「フリーターは自ら望んでなるものだ」という先入観が消えず、不安定で低賃金の職に就くことを余儀なくされたフリーターたちは好奇の目、あるいは軽蔑の目でみられることが少なくなかった。彼ら・彼女らは「自由気ままな生活を望む若者たち」、さらには「意欲や根気に欠ける若者たち」などとみなされ、かりに貧困に陥ったとしても、それは本人の責任であるかのように論じられることも多かった。

このような状況を変えるのに一定の役割を果たしたのは、「デフレと生活――若年フリーターの現在《いま》」という特集を組んだ二〇〇三年の『国民生活白書』である。白書は、フリーターを「学生と主婦を除いた一五―三四歳の若者のうち、非正規労働者と働く意思のある無業者」と定義し、その数は一九九〇年の一八三万人から年々増加して四一七万人にも達していること、その最大の原因が新卒採用を抑制して非正規労働者の雇用を増加させた企業の側にあること、そしてフリーターとなった若者たちの大部分が正社員としての就職を望んでいたことなどを明らかにした。これによってフリーターたちに対する先にみたような偏見はかなりの程度に払拭《ふっしょく》され、フリーターの増加が深刻な問題だと受けとめられるようになった。

しかし、若者たちを対象とする大規模な雇用対策はついに実施されることがなく、就職難は一九九〇年代半ばから一〇年以上にわたって続いた。この時期がいわゆる「就職氷河期」であり、この時期に社会へ出た若者たちは、いつしか「氷河期世代」と呼ばれるようになった。氷河期世代の若者たちは、学校を出た時点で就職難に直面しただけではなく、次章以降で詳しくみるように、それ以後もずっと困難な人生を歩んでいる人が多い。氷河期世代の若者たちが、他の世代の若者たちに比べて厳しい状況にあったのは、まちがいない事実である。

ただし就職氷河期以降の世代が恵まれていたかといえば、決してそうではない。就職氷河期は、単に景気の後退によって一時的に新規採用が減った時期だったというわけではない。同時に、新規学卒一括採用・長期雇用・年功制を特徴とする日本的雇用システムが大きく揺らぎ始めた時期でもあった。[*2] こうした変化の影響を、直接に受けた最初の世代が氷河期世代なのであり、それは前後と切り離された特殊な世代なのではなく、構造的な変化を体現する先駆者的な世代である。就職氷河期以降になっても、企業は新規採用を絞り込み続けたから、景気変動、さらには第一次ベビーブーム世代の退場による多少の増減はあったとしても、フリーターとなることを余儀なくされる若者たちは、つねに多数存在し続けた。こうしてフリーター第一世代、氷河期世代、ポスト氷河期世代と、最初の段階から非正規労働者として社会に出る若者たちの流れは、途切れることなく続いてきた。この流れが二〇三〇年には、日本社会の現役世代の全体を覆うことになるのである。

新しい下層階級の巨大な流れ

他方、二一世紀に入ってから、十分な貯金がなく、年金額も不十分なため、定年退職後に新たな非正規の職を求める高齢者が激増してきた。「労働力調査」によると、六五歳以上の非正規労働者の数は、二〇〇九年には一五八万人だったが、一〇年後の二〇一九年には三八八万人と、二倍以上に増加している。

社会活動家の藤田孝典は、これら非正規労働者として働く高齢者のことを、「下流老人」と呼んだ。現役時代に低賃金で、資産を蓄えることも十分な年金を得ることもできなかったこれらの高齢者は、生活保護に頼るのでなければ死ぬまで働き続けるほかない。藤田は、近未来の日本社会は「死ぬまで働き続けなければ生きられない社会」であり、すでに「〝余生〟は消滅し」、「下流老人」は過労で死ぬ危険にさらされていると警鐘を鳴らしている[*3]。

そして二〇三〇年には、フリーター第一世代が六五歳を迎える。多くの定年退職者、そして定年後の継続雇用が期限切れとなる高齢者が、フリーター第一世代に合流する。こうして、若年フリーター、中高年フリーター、そして「下流老人」が、二〇歳前後から高齢者まで続くひとつの流れを形成するようになる。こうして日本には、新たな下層階級が全貌を現すことになるのである。

これは、発達した資本主義社会である日本の、大きな転換点となる。というのは、社会の骨組みともいうべき階級構造に、質的な変化が生じたことになるからである。

2. 新しい階級社会の完成

資本主義社会には四つの階級がある

資本主義社会のもっとも基本的な階級は、資本家階級と労働者階級である。資本家階級は生産活動に必要な資金、工場などの建物や設備、つまり生産手段を所有する人々である。ここでいう「所有」とは広い意味での所有であり、会社のオーナーや大株主でなくとも、経営者として実質的に支配している場合を含んでいる。これに対して労働者階級は、生産手段を所有しない人々である。

生産手段を所有しない労働者は、そのままでは働くことができないから、生活が成り立たない。これに対して資本家階級は、当面生活するには困らないが、大量の生産手段を活用するためには人手を必要とする。そこで両者の間には、必然的に交換関係が成立する。

図表0-1　資本主義社会の基本構造

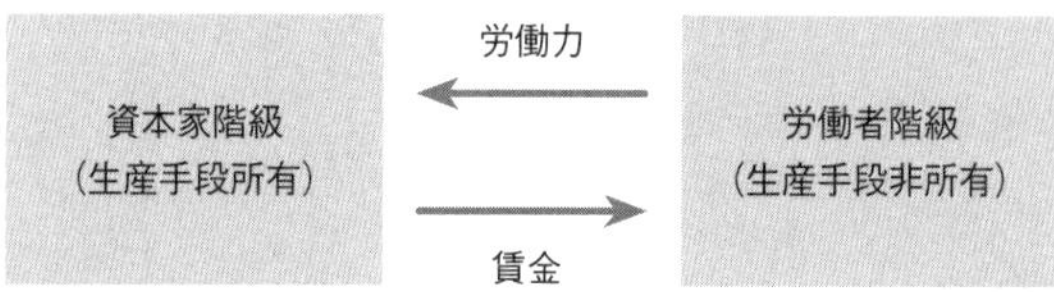

これを示したのが、**図表0－1**である。

労働者階級は、生産活動に必要な肉体的・精神的能力、つまり労働力を、資本家階級に提供する。資本家階級はその見返りとして、労働者階級に賃金を支払う。これは労働力が、一種の商品として金銭で売買されていることを意味する。このことが資本主義社会の、最大の特徴といっていい。

このように資本家階級と労働者階級は、資本主義社会の基本的な二つの階級である。しかし現実の資本主義社会には、これ以外に二種類の階級が存在するとされることが多い。

ひとつは、自営業者や農民などからなる階級である。資本主義社会になっても、前近代の社会から存在する、商工業を営む自営業者や自営農民が消滅するわけではない。これらの人々は、自分で少量の生産手段をもち、人に雇われるのでも人を雇うのでもなく、資本主義から一歩離れたところで、独立して事業を営んでいる。その生産活動のあり方は、資本主義と区別して単純商品生産と呼ばれる。これらの人々は、資本家階級と同じ生産手段の所有者でありながら、労働者階級と同じように現場の労働に従事している。この意味で資本家階級と労働者階級の役割を兼ね備えた、中間的な性質の階級であり、しかも資本主義以前から存在する古い階級だから、旧中間階級と呼ぶ。

もうひとつは企業などで働く管理職や専門職などからなる階級である。資本主義が生まれた最初のころならば、事業の規模が小さいから、資本家は自ら事業を企画・経営するだけではなく、労働者を募集し、雇った労働者に指示を与えて働かせ、商品を売ったり賃金を与えたりといった一連の実務を担っていただろう。しかし資本主義の発達とともに、企業組織は大規模になり、資本家階級自らが、このような実務をこなすことは難しくなる。そこでこれらの役割の一部は、被雇用者に委ねられるようになる。これらの被雇用者は、労働者階級と同様に労働力を販売して生計を立てる被雇用者でありながら、資本家階級がかつて担っていた役割の一部を代行している。この意味で中間階級ということができるの

図表0-2　資本主義社会の階級構造

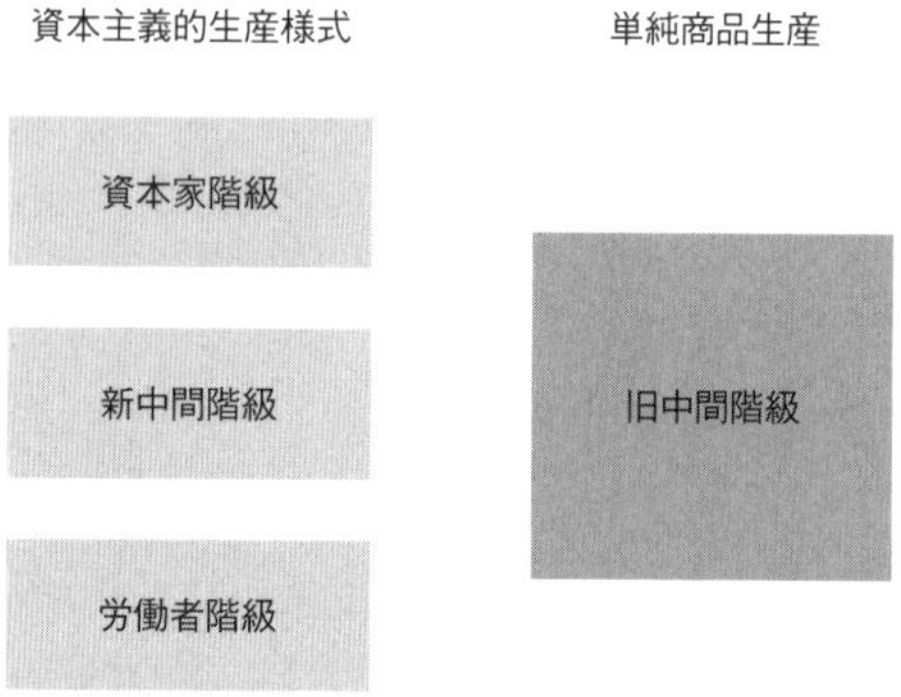

だが、旧中間階級とは反対に、資本主義の発達とともに新たに生まれた階級であることから、新中間階級と呼ばれる。

これら四つの階級の相互関係は、**図表0−2**のように図式化することができる。左側が、資本主義経済の世界であり、ここには三つの階級が位置している。支配的な階級である資本家階級、従属階級である労働者階級、中間に位置する新中間階級である。そして資本主義の世界から一歩離れた単純商品生産の世界には、旧中間階級が位置している。これら四つの階級が、現代社会の主要な四つの階級である。

図表0−3は、四つの階級の主な特徴を示したものである。[*4]

図表0-3 4つの階級のプロフィール

	資本家階級	新中間階級	労働者階級	旧中間階級
個人の平均収入	604万円	499万円	263万円	303万円
世帯の平均収入	1060万円	798万円	564万円	587万円
大卒者比率	42.3%	61.4%	28%	27.2%
自分は幸福だと考える人の比率	67.9%	64.1%	52.6%	53.4%
生活に満足している人の比率	45.1%	36.3%	32.1%	32.5%

出典：2015年SSM調査データより算出
注：「自分は幸福だと考える人の比率」は10点満点で7点以上の比率

個人収入は資本家階級がもっとも多く、労働者階級がもっとも少ない。資本家階級の個人収入が六〇四万円というのは少なすぎるようにもみえるが、これは夫婦が中心となって事業を営む零細企業で、妻は名目上は役員なのに、ほとんど報酬を受け取っていないというケースが多いからで、世帯収入は一〇六〇万円に達している。労働者階級の個人収入は二六三万円、世帯収入も五六四万円と少ない。ただし個人収入は、パート主婦などによって引き下げられている部分があり、正規労働者に限れば三七〇万円である。

新中間階級と旧中間階級はいずれも、その名の通り資本家階級と労働者階級の中間である。ただし旧中間階級は、収入に関してはむしろ労働者階級に近いといっていい。新中間階級は個人収入が四九九万円、世帯収入が七九八万円と、労働者階級より明らかに多いのに対して、旧中間階級は、個人収入が三〇三万円、世帯収入も五八七万円で、労働者階級と大差がない。

大卒者比率は新中間階級が六一・四％でもっとも高いが、これは被雇用者が、大卒者であれば新中間階級、非大卒者であれば労働者階級に位置づけられやすいことを反映したものである。資本家階級は四二・三％とあまり高くはなく、旧中間階級は二七・二％と労働者階級と同程度にとどまっているが、これは家業を営むためには必ずしも学歴が必要とされるわけではないからだろう。

「自分は幸福だと考える人の比率」と「生活に満足している人の比率」は、収入の大きさにほぼ対応しており、資本家階級がもっとも高く、新中間階級がこれに次ぎ、労働者階級と旧中間階級は低い。とくに前者は、比率の高い資本家階級・新中間階級と、比率の低い労働者階級・旧中間階級の差が大きい。

図表0－4は、国勢調査にもとづいて推計した、一九五〇年から二〇一五年までの日本の階級構成である。[*5] 旧中間階級は商工業者などの自営業者層と農民層からなるが、両者は変化のようすがかなり異なるので、区別しておいた。

図表0-4 戦後日本の階級構成

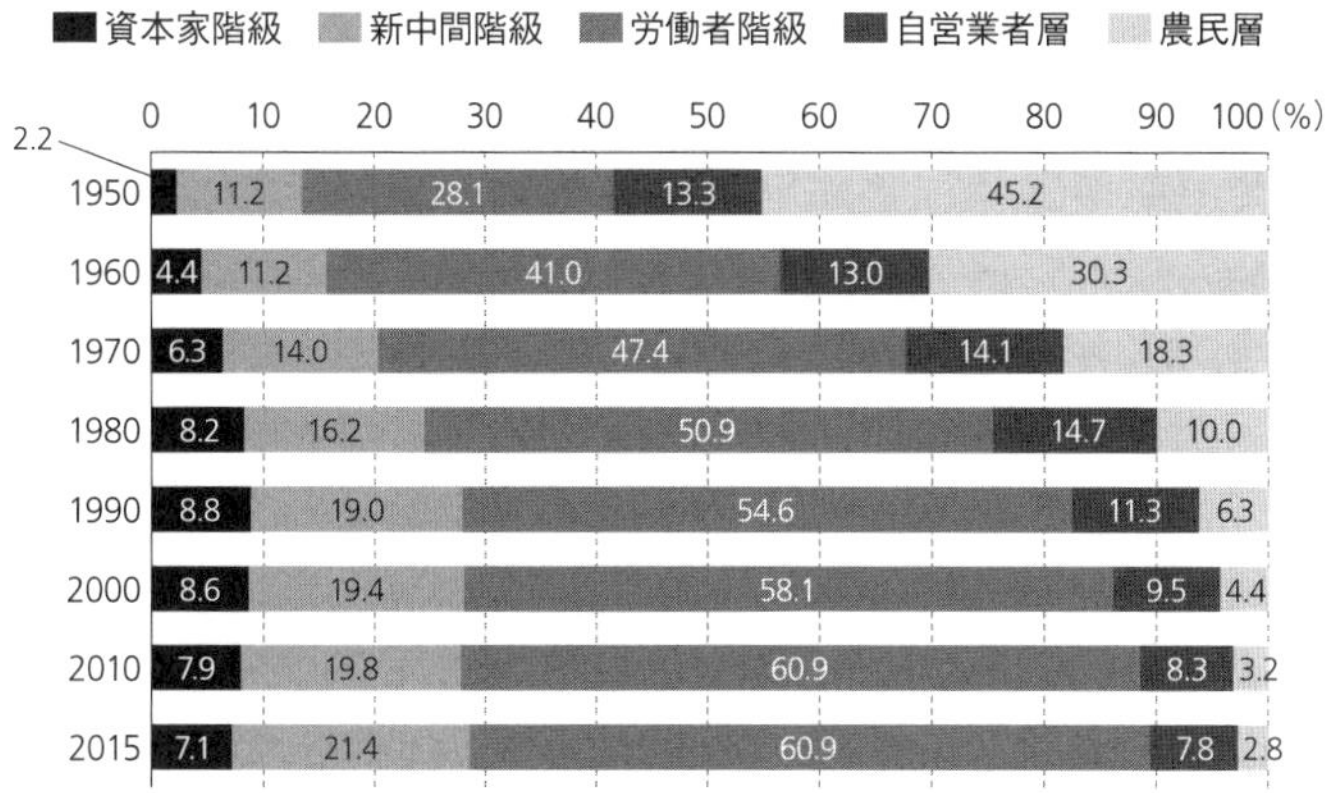

出典：国勢調査より算出　注：農民層には林業・漁業従事者を含む

戦後まもない一九五〇年には、旧中間階級が有業者の六割近く（五八・五％）を占めていた。労働者階級はその半分にも満たない二八・一％で、新中間階級も一一・二％にすぎない。当時の日本が、まだまだ発達した資本主義社会といえる段階になかったことがわかる。しかも旧中間階級の八割近くが農民層で、その規模は有業者全体の四五・二％にも達していた。この時期の日本は、ひとつの巨大な農業国だったのである。

しかしその後、経済復興と高度成長の始まりにより、農民層は激減し、これに代わって労働者階級が急増する。新中間階級も、労働者階級とほぼ同じような増加率を示し、九〇年には旧中間階級を上回った。こうして日本の階級構造は、発達した資本主義社会としての特徴を示すようになったのである。資本家階級も九〇年まで急速に増加して、有業者全体の一〇%近くを占めるようになった。

　しかし二〇〇〇年になると、それまで労働者階級とともに増加を続けていた資本家階級の比率が減少に転じ、二〇一五年には七・一%へと縮小する。大資本の攻勢によって、廃業を余儀なくされた中小零細企業が多かったことを反映したものと考えられる。一九八〇年代から減少を始めた自営業者層が、最盛期の半分近い七・八%にまで減少したのも、同じ理由によるものだろう。新中間階級は一九九〇年以降、増加が頭打ちになっていたが、二〇一五年には二一・四%と二割を超えた。ここには、管理職と正規雇用の事務職が減少する一方で、福祉・医療分野の下級専門職が増加するという、一連の変化が関わっていると考えられる。[*6]

アンダークラスは従来の労働者階級とは異質

　労働者階級は、群を抜いて最大規模の階級である。ところが非正規労働者の増加によって、労働者階級の内部は一様ではなくなった。上下方向への分裂が始まったのである。

　労働者階級は資本主義社会の下層階級ではあるのだが、だからといって経済が正常な状態にある場合には、日々の生活に困るほど困窮することは少ない。

資本主義社会は、労働者階級が一日の疲れを癒やして労働力を回復し、翌日も、そして翌週も、元気に働くことができるのでなければ存続できない。また資本主義社会が長期的に存続できるためには、労働者階級が家族を形成して子どもを産み育てることにより、次世代の労働者階級の担い手が形成される必要がある。

つまり資本主義社会が存続し、また成長・発展を遂げるためには、労働者階級がまともな生活を送って、その労働力を保ち続けること、さらには次の世代の労働力を産み育てるだけのゆとりが保障されていることが必要である。そのためには賃金は、普通に生活し、労働の疲れを癒やし、さらには家族を形成して子どもを産み育てるのに過不足がないだけのものでなければならないのである。

これまでの日本の労働者階級は、資本主義社会の底辺に位置する階級だったとはいえ、その大部分は正社員としての安定した地位をもち、製造業を中心にそれなりの賃金を得てきた。これに対して、近年激増している非正規労働者は、雇用が不安定で、賃金も正規労働者には遠く及ばない。このため次章で詳しくみるように、結婚して家族を形成することが難しい。この意味で非正規労働者は、労働者階級が本来備えているはずの条件を備えていない。

この意味で現代日本の非正規労働者は、従来からある労働者階級とは異質な、ひとつの下層階級を構成し始めているといわざるを得ない。このことを表現するために、本書ではこれらの人々、つまり非正規雇用で働くパート主婦以外の労働者を「アンダークラス」と呼ぶことにする。

「アンダークラス」という用語は、もともとスウェーデンの経済学者、グンナー・ミュルダールが、雇用機会に恵まれない貧困層を指す言葉として用い、その後、経済学者や社会学者、政治学者などによってかなり広く用いられてきた用語である。一部には、これを非行や犯罪、勤労意欲の欠如、社会保障への安易な依存などと結び付け、貧困層を差別的に扱う用語として用いる傾向があったため、いまでもこの用語を使うのに慎重な態度をとる研究者は少なくない。

しかし本書では、あえてこの用語を使うことにする。なぜなら、新しく登場した下層階級、従来の労働者階級とは質的に異なるくらいに不安定で貧困な状態に置かれがちな非正規労働者たちを表現するのに、これほど単刀直入でイメージ喚起力に富む用語は、他に見当たらないからである。

図表0-5　新しい階級社会の構造

資本主義的生産様式	単純商品生産
資本家階級 経営者・役員	**旧中間階級** 自営業者 家族従業者
新中間階級 被雇用の管理職・専門職・上級事務職	
正規労働者 被雇用の単純事務職・販売職・サービス職 マニュアル労働者・その他	
〜〜〜〜〜〜〜〜 **分断線**	
アンダークラス 非正規雇用で働くパート主婦以外の 労働者階級	

アンダークラスの登場によって、日本の階級構造は大きく転換しつつある。これまで現代社会は、一方に旧中間階級、他方に資本家階級－新中間階級－労働者階級が三層に積み重なるという、四階級構造から成り立っていた。ところが労働者階級の内部に巨大な分断線が形成されることにより、資本主義セクターはより大きな落差を伴う四層構造に転換した。こうして日本社会は、従来からの四つの階級に加えて、アンダークラスという新しい「階級」を含む、五階級構造へと転換したのである。これを「新しい階級社会」と呼ぶことにしよう。その構造は、**図表0－5**のように図式化することができる。

3．格差拡大と日本社会の構造転換

格差拡大の巨大なトレンド

当然ながら、アンダークラスの形成と新しい階級社会の成立は、近年続いてきた格差拡大と密接な関係にある。ひとことでいうなら、新しい階級社会の成立は、日本社会の構造的な変化を、格差拡大はこれに伴って生じた所得配分の変化を示すものといっていいだろう。

図表０－６は、一九五〇年から二〇一五年までの、日本の格差の推移を一枚のグラフにまとめたものである（ジニ係数だけは二〇一六年まで）。用いたのは、格差の全体的動向を示すジニ係数、規模別・産業別・男女別という賃金格差に関する三つの指標、そして貧困層の動向を示す生活保護率である。そして一九八五年からは、一九八四年から正確な統計が

図表0-6 格差の長期的トレンド

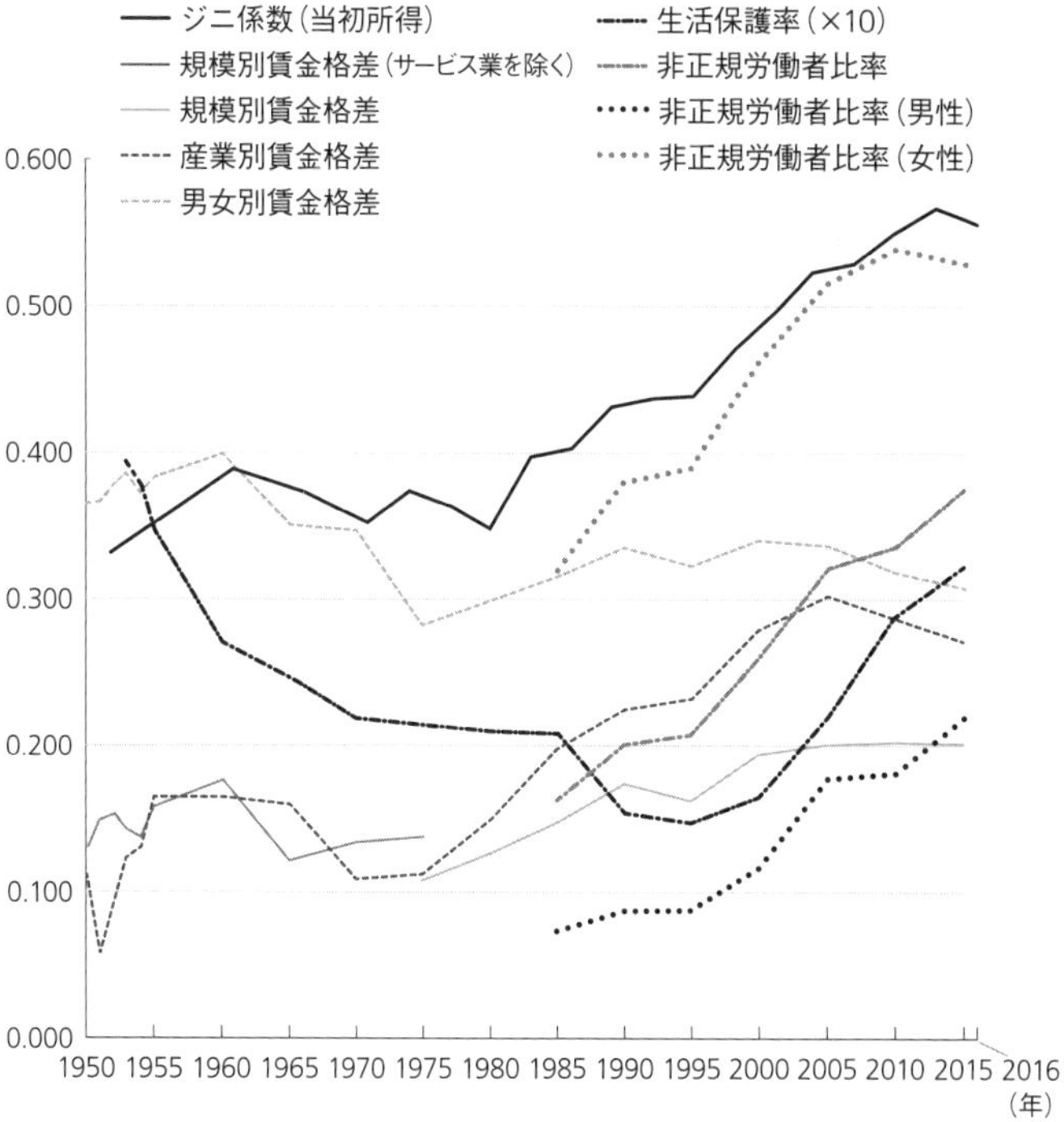

＊ジニ係数は「所得再分配調査」による
＊規模別賃金格差は、500人以上と30-99人の差で、それぞれの月間給与総額の差を同じく和で除した指数。すべての時期で500人以上の賃金は30-99人の賃金を上回っている。1970年まではサービス業を除く。1971-1982年は製造業のみ。対象は常用労働者。原資料は「毎月勤労統計調査」
＊産業別賃金格差は卸売小売業と金融保険業の差で、それぞれの月間給与総額の差を同じく和で除した指数。なお、すべての時期で金融保険業の賃金は卸売小売業を上回り、また1970年以降は、全産業中で金融保険業が最高、卸売小売業が最低となっている。原資料は「毎月勤労統計調査」
＊男女別賃金格差は、それぞれの月間給与総額の年平均の差を同じく和で除した指数。すべての時期で男性の賃金は女性を上回っている。対象は30人以上の常用労働者。原資料は「毎月勤労統計調査」
＊生活保護率は世帯保護率。国立社会保障・人口問題研究所「生活保護」に関する公的統計データ一覧」による
＊「毎月勤労統計調査」は2020年1月24日公表の再集計値による
＊非正規労働者比率は「労働力調査」

得られるようになった非正規労働者比率を加えている。

ちなみにジニ係数は、格差がまったくないとき〇、ひとりの独裁者がすべての富を独占しているなどして、格差が極大になったときに一の値をとる指標である。計算のベースは当初所得、つまり税込みの雇用者所得や事業所得などを合計した最初の段階での総所得で、年金や社会保障給付などを含まない。

一九五〇年の段階では、戦災で生活の糧を失ったり、家計の支え手を失ったりして貧困に苦しむ人が多かったから、生活保護率だけは高かったが、その他の格差はおおむね小さかった。戦災で国富の多くが失われ、その損害は財産の多い人ほど大きかった。しかも農地改革によって地主・自作・小作の間にあった格差は、大幅に小さくなったし、また労働改革によって、大学や旧制高校などを出た職員と旧制小学校卒の工員の間にあった大きな格差も、大幅に縮まっていた。日本全体が貧しく、みんなが貧しさを分かち合う時代だった。だから格差が小さくなっていたのである。

しかし一九五〇年代も半ばになり、戦後復興が軌道に乗ると、生活保護率は低下したが、他の指標はいずれも上昇している。戦後復興によって、極貧状態にある人は減少したが、復興は大企業と都市部から始まり、中小企業と地方は取り残されたから、格差が拡大したのである。しかし一九六〇年代に入り、高度成長が始まると、格差は縮小に転じる。経済成長の成果が中小企業に、そして地方にまで波及するようになった。人手不足が深刻になると失業者は減少し、日雇いや臨時雇用などで働いていた人々が、企業に吸収されることとなった。それまでは条件の良くない仕事に就くしかなかった中卒者や女性も、それなりの賃金を得るようにもなった。

一九七〇年代半ばには高度成長が終焉を迎えるが、格差が小さい状態はしばらく続き、多くの指標は一九七五年から一九八〇年ごろ底に達する。日本は、国民のほとんどが豊かな暮らしを送る格差の小さい社会だとして、「一億総中流」がいわれ始めたのが、このころである。もちろんこの時代にも格差はあり、貧困に苦しむ人々もいた。しかし、今日に比べて格差がかなり小さかったのは事実である。

一九八〇年前後に始まる格差拡大

しかし、そこから反転上昇が始まる。とくにジニ係数と産業別賃金格差の拡大はすさまじい。男女平等の流れを表現するはずの男女間賃金格差さえも、拡大に転じてしまう。生活保護率だけは低下が続くが、これは厚生省（当時）の締め付けによって、生活保護を求める人々を窓口で追い返す、いわゆる「水際作戦」が展開されたからだろう。批判を受けて自治体の多くが態度を改めた一九九〇年代後半以降になると、生活保護率は急上昇し、すべての指標が一斉に上昇する時代が始まる。こうして今日に至るのである。

ここから明らかなように、現代日本で格差拡大が始まったのは一九八〇年前後のことである。格差拡大が話題になった二〇〇〇年代、「格差は拡大している」「いや、ほんとうは拡大していない」などという論争があったが、こんな論争がいかに馬鹿げていたかがよくわかる。当時はすでに、格差拡大が始まってから二〇年もの時間が過ぎていた。格差拡大は、歴然たる事実だったのである。

そして一九八五年以降をみると、こうした格差拡大と非正規雇用者比率の増加が、並行して進んでいることがよくわかる。非正規雇用者比率が増えるということは、それまでは正規雇用が大部分、つまり同じような賃金を得る人が大部分だったのに、その一部がだんだん低賃金の非正規雇用に置き換えられていくということだ。だから当然、格差は拡大するのである。

近年では、一部の指標で伸び悩みがみられるようになった。とくに男女間賃金格差は一九八〇年代の水準にまで戻っているが、二一世紀のこの時代に依然として男女間に大きな格差があるということが、むしろ問題だろう。ジニ係数も二〇一六年にわずかに低下したが、全体の流れをみれば高止まりというほうが正確だろう。

アンダークラスは独身女性から男性へと拡大

もっとも非正規雇用者といっても、そのなかには貧困と隣り合わせというわけではない人々も含まれている。

まず、管理職や専門職である。大きな企業の非常勤役員は、当然ながらアンダークラスではない。同様にフリーランスの医師や技術者も、アンダークラスとはいえない。だから、管理職と専門職はアンダークラスに含めるのではなく、新中間階級として扱うのが正しい。近年では福祉現場などで働く低賃金の専門職が増えてはいるが、統計によって把握する場合、細かな職種の違いまでは考慮できないので、目をつぶることにする。

次に、パート主婦である。パート主婦の大部分は、正規雇用で普通に収入のある夫がいて、これを補完するために働いている。だから、非正規雇用だからといって貧困と隣り合わせというわけではない。もちろん、夫が病気だったり、失業していたりというケースもあるはずだが、少数派である。

　そこで非正規労働者から管理職と専門職を除外し、性別と配偶関係によって四つのグループに分けた上で、非正規労働者の数の推移を示したのが、**図表0－7**である。このうち有配偶女性がパート主婦、それ以外の有配偶男性と無配偶男女がアンダークラスということになる（学生・生徒のアルバイトである可能性の高い在学者は除外している）。

　一九九二年の段階では、非正規労働者の総数は約九九二万人、その六割以上が有配偶女性、つまりパート主婦で、独身男女は少なかった。ところがその後、独身の非正規労働者が激増する。二〇一二年には男性で三・〇倍、女性で二・五倍にまで増加し、実数ではそれぞれ二四六万人、四〇二万人に達した。有配偶男性も、かなり増加し、二八一万人に達している。有配偶男性の非正規労働者には、正社員としての普通のキャリアを経たあとに、嘱託や契約社員などとして働く中高齢者も含まれるが、いずれにしても正規雇用の労働者階級とは比べものにならない低賃金で働いていることに変わりはない。これらパート主婦以外の非正規労働者、つまりアンダークラスの総数は九二九万人、非正規労働者全体に占める比率は五四・二％、就業人口全体に占める比率は一四・九％で、パート主婦を逆転した。二〇一七年になると、新卒者の就職状況が好転したことなどから、アンダークラスは微減して九一三万人となったが、依然として高水準で、パート主婦を上回り、非正規労働者に

図表0-7 性別・配偶関係別にみた非正規労働者の人数

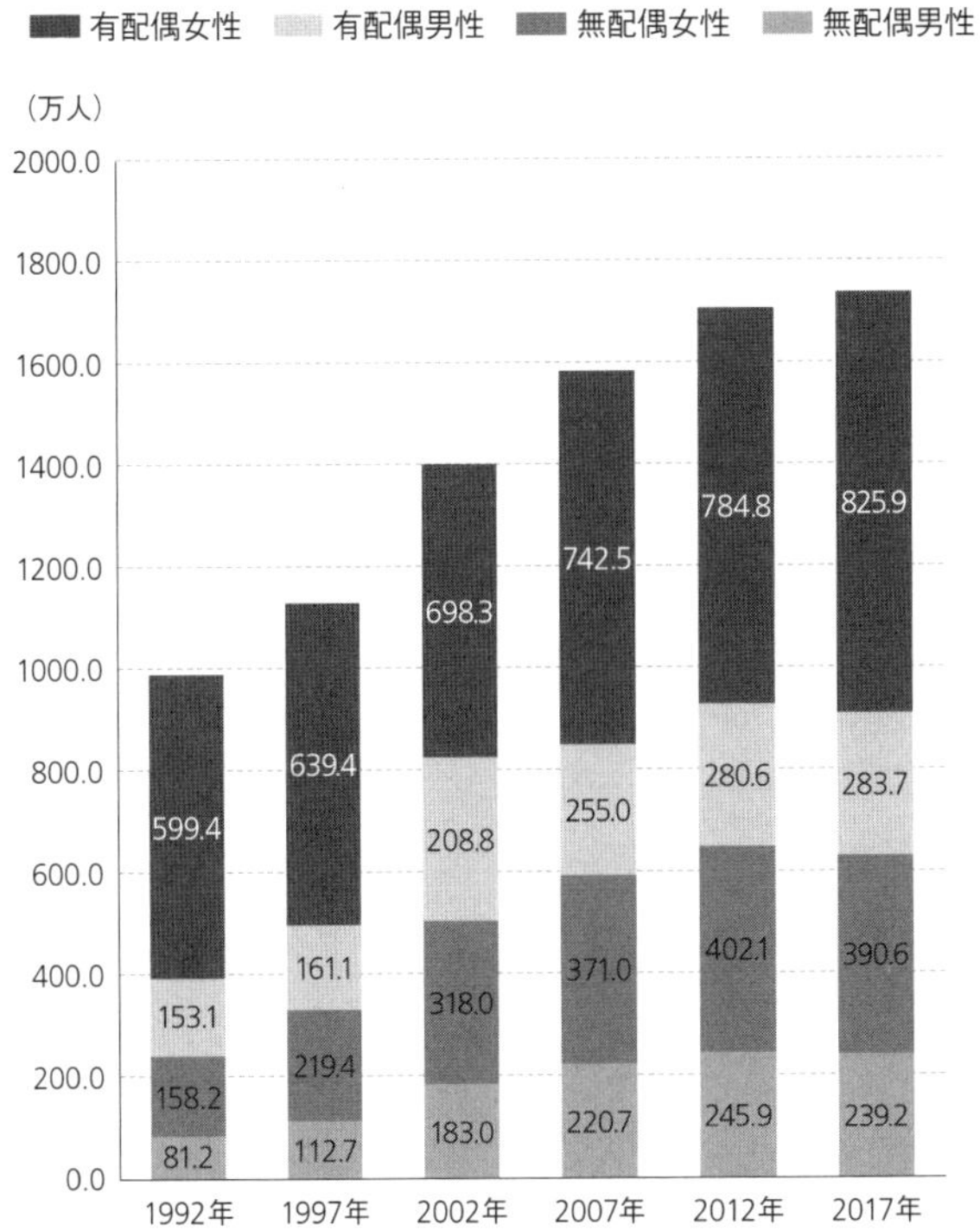

出典：就業構造基本調査より。1992年から2002年は個票データから、2007年から2017年は公表されている集計表から算出

注：在学者、専門職・管理職は除く。職種不明の被雇用者を含む。個票データの使用にあたっては、一橋大学経済研究所附属社会科学統計情報研究センターから秘匿処理済みミクロデータの提供を受けた

占める比率は五二・五％、就業人口全体に占める比率は一四・四％となっている。

もともと日本の貧困層のひとつの典型は、独身女性たちだった。女性の賃金、とりわけ非正規労働者の賃金が低いことが、職業をもつにもかかわらず貧困から抜け出すことのできない女性ワーキングプアを生み出していたのである。ところが、非正規労働が男性にも拡大することによって独身ワーキングプアの裾野は広がり、さらに未婚化が進行することによって、女性を含めたその規模が拡大したのである。

アンダークラスの隣人――失業者と無業者

ただし、これ以外にアンダークラスとみなしたほうがいい人々がいる。失業者と無業者である。非正規労働者は失業しやすい。だから、非正規労働者と失業者の間を行ったり来たりするケースが多い。失業を繰り返すうちに傷つき、疲れ果てて、仕事を探すのをやめてしまう場合も多い。

日本の統計でいう失業者とは、次の三つの条件を満たす人々のことである。
①仕事がなくて調査期間の一週間に少しも仕事をしなかった

②仕事があればすぐ就くことができる
③調査期間の一週間の間に仕事を探す活動や事業を始める準備をしていた

①の条件があるから、一時しのぎに少しでもアルバイトをすると、失業者ではなく就業者になってしまう。このため日本の統計では失業者の数が過小評価されているとよく指摘されるのだが、この点はひとまず措《お》こう。ここで問題になるのは、②と③である。②の条件があるから、体調が悪くてすぐに働けない人は失業者には含まれない。③の条件があるから、疲れ果てて一時的に求職活動を中止したり、意欲を失ってしまったりすると、やはり失業者には含まれない。では何に分類されるかというと、「非労働力人口」である。非労働力人口の大部分は、学生・生徒、専業主婦、引退した高齢者などだが、仕事を失ったものの求職活動をしていない人々は、こうした人々と同じ扱いになってしまうのである。このように事実上は失業状態にあるものの、すぐに働ける状態になかった人々や、求職活動をしなかった人々を、ここでは無業者と呼ぶことにしよう。

それでは無業者は、どれくらいいるのだろうか。二〇一九年についてこれを示したのが、**図表0－8**（46ページ）である。失業に関するもっとも重要な統計である「労働力調査」で

図表0-8　男性失業者・無業者と無配偶女性の失業者・無業者（20-59歳・万人）

	男性	女性			合計
		未婚	離死別	合計	
完全失業者	77	32	6	38	115
非労働力・その他	116	42	8	50	166
合計	193	74	14	88	281

出典：2019年労働力調査より

は、非労働力人口を「通学」「家事」「その他」の三つに分類している。そこで「その他」に分類された人に注目し、すでに引退している可能性の高い六〇歳以上の人々と、家事をどの程度行なっているかは別として、専業主婦と考えられる有配偶女性を除外すると、男性一一六万人、女性五〇万人、合計一六六万人となる。この他に完全失業者が一一五万人（男性七七万人、女性三八万人）いるので、無業者と完全失業者の合計は二八一万人で、これに非正規労働者九一三万人を加えると、一一九四万人となる。つまり二〇一九年の段階で、日本にはほぼ一二〇〇万人のアンダークラスがいたということになる。

4. 二〇三〇年の衝撃

構造転換完了は暗黒の時代の幕明け

アンダークラスが姿を現し始めたころ、その中心は若者たちであり、中高年、とりわけ中高年男性はアンダークラスとは無縁だった。しかし若いアンダークラスは次第に年をとり、さらに若い世代がここに流れ込み、アンダークラスは拡大していった。そしてかつて若かったアンダークラスは、フリーター第一世代を先頭に、一〇年後から高齢期に突入していく。これに氷河期世代が続いていく。そのようすを、データから予測してみよう。

図表0-9（48ページ）は二〇一五年の国勢調査から、失業者・無業者を含むアンダークラスの人数を、年齢別にみたものである。第1章で詳しく述べるが、就職氷河期世代といえるかどうかは、年齢ではなく卒業した年によって決まるため、単純に年齢で示すこと

図表0-9　年齢別にみたアンダークラスの規模

（万人）

	男性	女性	合計
15～19歳	30.6	33.0	63.6
20～24歳	70.7	69.0	139.7
25～29歳	56.8	53.3	110.1
30～34歳	50.6	43.2	93.8
35～39歳	49.3	41.0	90.4
40～44歳	53.4	46.6	100.1
45～49歳	48.3	40.3	88.6
50～54歳	45.6	34.6	80.2
55～59歳	53.9	31.9	85.8
60～64歳	65.1	29.2	94.3
65～69歳	71.3	27.5	98.8
70～74歳	30.1	12.7	42.8
75～79歳	8.3	4.1	12.4
80～84歳	1.4	0.9	2.3
85歳以上	0.3	0.3	0.6
合計	635.8	467.7	1103.4

出典：2015年国勢調査より算出

注：有配偶女性ではない59歳以下の失業者・無業者を含む。「国勢調査」では調査方法の違いから、「就業構造基本調査」より就業者の数が小さめに出るため、図表0・7、0・8と直接の比較はできない

はできないのだが、ごく大まかにいえば、氷河期世代とは三〇歳から四四歳（二〇二〇年には三五歳から四九歳）と考えて差し支えない。

一五－一九歳はたいがい在学しているから、まだ人数は六三・六万人と多くないが、これが二〇－二四歳になると、一三九・七万人に跳ね上がる。*7 ほぼ全員が学校を卒業している二五－二九歳では、一一〇・二万人である。

さて多くのアンダークラスは、少しでも安定した雇用と高い賃金を求めて、正規雇用への移動を試みる。第1章と第2章で詳しくみるように、実際に移動する人も少なくない。逆の移動をする人もいるが、非正規雇用から正規雇用への移動ほどの数ではない。だから年齢が上がるにしたがって、アンダークラスの人数は減っていく。実際、三〇－三四歳のアンダークラスは九三・八万人で、二五－二九歳より一六・三万人少ない。

ところが三五－三九歳は九〇・四万人で、三〇－三四歳とわずかしか違わないし、四〇－四四歳は一〇〇・二万人と、下の年齢層より多くなっている。四五－四九歳は八八・六万人だから、三五－三九歳とほぼ同じだ。なぜか。それは二〇一五年の三五－四四歳は、氷河期世代の中心ともいえる、もっとも就職が困難だった世代にあたっており、また四五－四九歳は、もともと人数の多い第二次ベビーブーム世代にあたっているからである。

また五〇歳を過ぎると、リストラや早期退職で非正規雇用に移行する人が出てくる。六〇歳を過ぎれば、定年退職して非正規雇用に移行する人が加わる。だから五〇－五四歳のアンダークラスは、人数が少なかった世代であるにもかかわらず八〇・二万人もいて、五五歳年下の年齢層と八・四万人ほどしか違わない。そして五五－五九歳は八五・八万人と多くなり、六〇－六四歳では九四・三万人と急増する。六五－六九歳のアンダークラスは九八・八万人とさらに多いが、これは第一次ベビーブーム世代にあたる人々だからである。

ここから一〇年後の二〇三〇年の状態を、ある程度まで予想できる。氷河期世代の中心部分にあたる、現在四〇－四九歳、一〇年後には五〇－五九歳となるアンダークラスは、正規雇用から流れ込んでくる人々を吸収して、増加するだろう。第二次ベビーブーム世代を含む、現在五〇－五九歳、一〇年後に六〇－六九歳となるアンダークラスは、定年退職者を吸収して激増するだろう。

このようにもともと人数が多かった世代、そして氷河期世代という、アンダークラスの多い世代が高齢期にさしかかり、高齢アンダークラス（つまり「下流老人」）、中高年アンダークラス、そして若年アンダークラスが、ひとつの太い流れとなって結びつく。こうして二〇三〇年にはアンダークラスが全貌を現し、日本社会の構造転換は完了すると考えられる。

このとき、アンダークラスの規模は、どれくらいになるだろうか。二〇一〇年代後半は、人手不足のため非正規労働者の増加のペースが落ちていた。労働者を低賃金で雇おうとする企業が増加していたのに対して、低賃金でもいいから働こうとする人々が、払底《ふってい》してしまったからだろう。第一次ベビーブーム世代が七〇歳代にさしかかり、完全に引退してしまったこともあり、**図表0－7**（43ページ）でみたように、非正規労働者として働くアンダークラスの規模がわずかながら縮小した。それでもアンダークラスは依然として九〇〇万人を超えており、これにアンダークラスと無職の間を流動する失業者・無業者を加えるなら、その数は一二〇〇万人にも達する。

日本の将来を左右する氷河期世代の働き方

状況が変わらなければ、おそらく一〇年後まで、アンダークラスの規模は安定的に推移するか、あるいは定年が近づいた第二次ベビーブーム世代を受け入れて、やや増加する程度だったと考えられる。ところが状況に大きな変化があった。二〇二〇年初めから生じた、新型コロナウイルス感染症の蔓延である。これによって雇用は縮小し、就職できなくなった若者たちが、大量にアンダークラスへと流れ込むだろう。さらに企業の倒産で正社員の地位を失った人々、経営破綻で自営業を廃業せざるを得なくなった人々も、ここに加わるだろう。アンダークラスは、さらに巨大化するに違いない。

そのとき日本社会には、何が起こるのか。やはり、鍵を握るのは氷河期世代だろう。先にも述べたように、氷河期世代には多くのアンダークラスが含まれるが、正規雇用者として就職を果たし、これまで安定したキャリアを重ねてきた人々のほうが多数派ではあるから、その内部には大きな格差が形成されている。この世代が、アンダークラスの主力部分と、安定した雇用のもと豊かな生活を送る人々の主力部分を占めるということになると、両者の対立が日本社会の安定性を損ねてしまう可能性がある。

実のところ、これまで氷河期世代については多くのことが語られてきたが、その全体像は必ずしも明らかとはいえない。そもそも、氷河期世代とは何か、どの年代のことを指すのかという基本的なところにすら、合意がないのが実態である。

そこで本書は、データにもとづいて氷河期世代の全体像を明らかにし、これに沿って氷河期世代と日本社会の将来について考えていくことにしたい。

第1章では、氷河期世代のこれまでの軌跡をたどり、それがひとつ前の世代とはきわめて異質であること、そして学校を卒業した時点で正規雇用の職に就くことができなかった人々は、後々にまで深刻な影響を受け続けていることを明らかにする。

第2章では、氷河期世代の内部を、学校を出た時期によって三つに区分して、それぞれの軌跡を明らかにする。氷河期世代と十把一絡《じっぱひとから》げにされることが多いが、実はその内部は、かなり多様である。とりわけ世紀の変わり目の前後の数年間に学校を出た「中期氷河期世代」は、今日に至るまで困難な道のりを歩み続けている。これに対して氷河期世代と一部重なるものの、いちおう区別できる第二次ベビーブーム世代は、就職にもある程度の困難を経験してはいるが、それ以上に結婚することと子どもを得ることに困難を抱えている。

第3章では、氷河期世代内部の格差について詳しく分析する。格差といっても、経済的なものに限られるわけではない。仕事の中身や家族関係、生活満足度や幸福感、そして健康状態など、多様な観点から氷河期世代の格差に迫っていくことにする。

第4章では、氷河期世代の広い意味での政治意識、つまり政治への関心や支持政党に加えて、格差の現状をどう考えるか、格差を縮小すべきだと考えるか否かなどについて分析し、この世代が政治を通じて格差の現状に影響する可能性について検討する。

そして最後に、こうして格差の構造が近未来においてどのような深刻な問題を生み出すのか、また、こうした問題が生じるのを避けるためには何が必要かについて、考えていくことにする。深刻な問題が生み出されるのを避けるためには、政治を変える必要がある。というのは、税を徴収し、その使い道を決めることこそが政治の基本的な役割であり、そのあり方が変わらなければ、格差拡大は克服できないからである。したがって最大の問題は、どのようにすれば政治を変えられるかである。

なお本書では、官庁等の統計のほか、さまざまな社会調査データを用いる。なかでも重要なのは、SSM調査データと、二〇一六年首都圏調査データである。SSM調査は正式名称を「社会階層と社会移動全国調査」といい、階級・階層研究を専門とする社会学者の研究グループにより、一九五五年から一〇年ごとに行なわれている。最新の調査は二〇一五年に実施された。データの使用にあたっては二〇一五年SSM調査データ管理委員会の許可を得た*8。調査対象者の年齢は、二〇〇五年までが二〇歳から六九歳、二〇一五年が二〇歳から七九歳である。二〇一五年調査の有効回答数は、七八一七人だった。

SSM調査データの最大の特徴は、調査対象者に、これまでに就いたことのある仕事すべてについて、地位や職種、産業、役職、そして就いたときとやめたときの年齢を尋ねていることである。したがって、調査対象者が二〇歳のとき、二一歳のとき、二二歳のときなど、それぞれの年齢時点でどのような仕事に就いていたかがわかることになる。さらに二〇一五年SSM調査の場合は、結婚したときの年齢と、現在の子どもの年齢を尋ねているので、それぞれの年齢時点で結婚していたかどうか、また子どもが何人いたかを知ることができる。だからこのデータを使えば、氷河期世代の人々の人生が、他の世代の人々の人生とどのように違っていたかを、つまびらかにすることができるのである。

二〇一六年首都圏調査は私を中心とする研究グループによって実施された調査であり、調査対象は東京の都心から半径五〇キロメートル以内の住民である。この調査は、意図的に、富裕層または貧困層の多い地域、ブルーカラーの多い地域、子育て世代の多い地域など、さまざまなタイプの地域をまんべんなく対象地として選ぶことにより、格差の影響をより正確に観察できるように設計されている。また人々の健康状態やメンタルヘルス、健康に対する意識、政治意識と格差に対する考え方などについて、SSM調査以上に詳しく尋ねており、人々の所属する階級による違いを、詳細に明らかにすることができる。[*9] 有効回答数は二三五一人だった。

それではこれらのデータを使って、日本社会の現状、そして近未来において何が起こるかについて、考えていくことにしよう。

第1章

氷河期世代の軌跡

1. 氷河期世代とは何か

就職氷河期は一九九四年から二〇〇七年まで

氷河期世代の定義は、必ずしも一定ではない。研究者の間でも、またマスコミの報道などでもさまざまな定義がされているし、氷河期世代を雇用政策の対象とし始めた行政の間でも一定していない。二〇一九年から多くの官庁や自治体などが、氷河期世代を対象とした職員の募集を始めたが、その対象者は、厚生労働省が一九七〇年四月二日から一九八五年四月一日までに生まれた者、神奈川県が一九七〇年四月二日から一九八六年四月一日までに生まれた者、京都府が一九七四年四月二日から一九八五年四月一日までに生まれた者、などとなっていて、まちまちである。

ここでは実際の進路から、就職氷河期の範囲を確認することにしよう。

図表1－1（60－61ページ）は、学校教育に関するもっとも基本の統計である「学校基本調査」から、大卒者と高卒者の就職率とフリーター・無業者の数の推移をみたものである。年号は卒業した年で、たとえば二〇一九年の数字は、二〇一九年度卒業者（つまり二〇二〇年三月の卒業者）ではなく、二〇一九年三月の卒業者のものである。短期大学については、のちに述べるように近年、その性格が大きく変わっていることから省略した。

就職率だが、高卒者の場合には大学や専門学校に進学する生徒が多く、卒業者数そのものを分母にすると就職率があまりに低くなり、就職状況を把握しにくい。そのため、これらの進学者は分母から除いている。大卒の場合も、大学院進学が増えているほか、医学部卒業者の多くは就職ではなく臨床研修医になるので、これも分母から除外したほうがいいだろう。二〇一二年からは就職者が正規雇用とそれ以外に分類されるようになったので、正規雇用以外を就職者から除外した数字もグラフに示しておいた。高卒者の就職率のグラフが一九九一年からになっているのは、これ以前では専門学校が他の進路から区別されていないからである。

「学校基本調査」では、卒業者の進路をいくつかに分類しているが、このうち「一時的な仕事に就いた者」「左記以外の者」「死亡・不詳の者」の合計をフリーター・無業者とみな

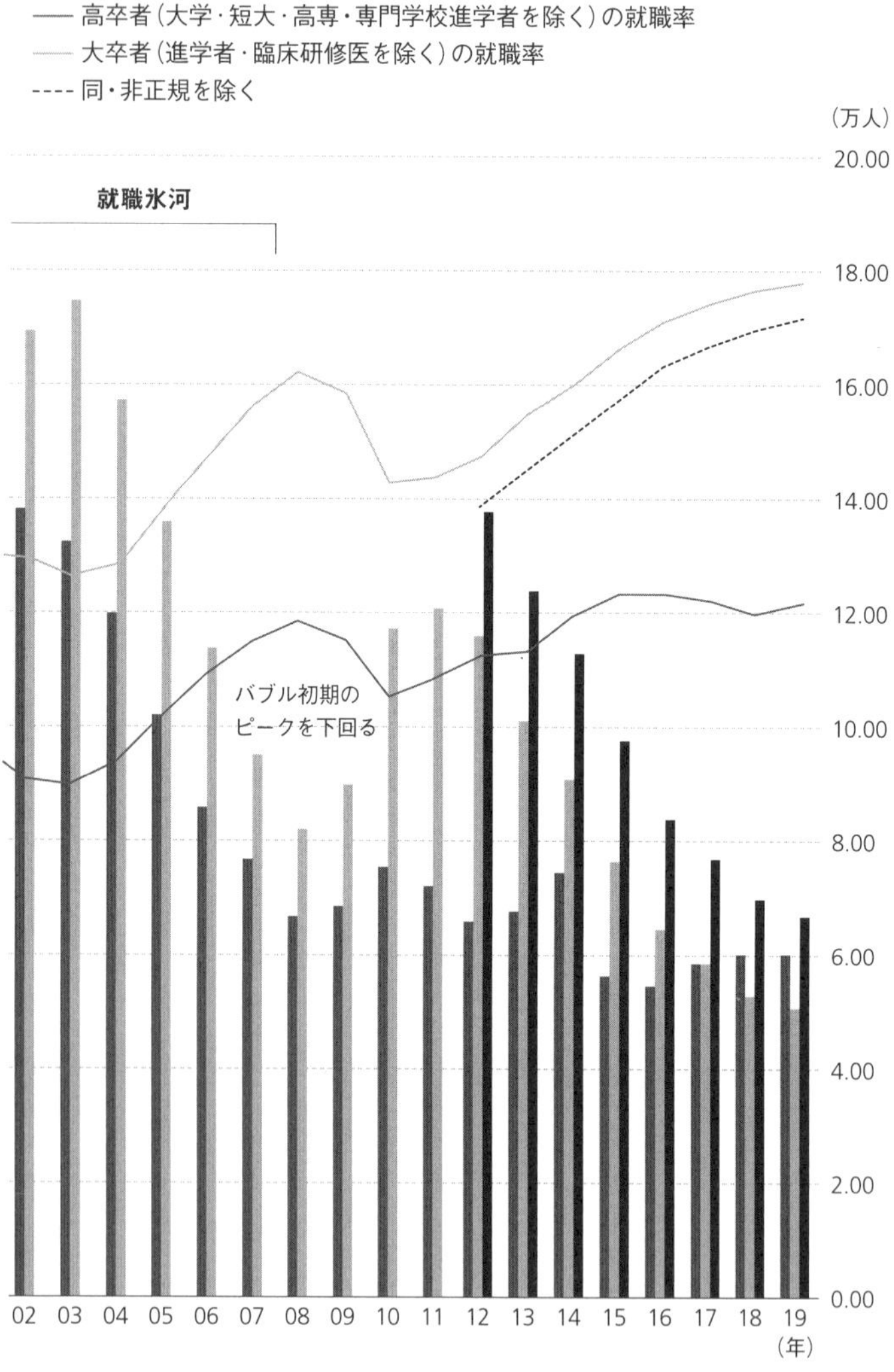

— 高卒者（大学・短大・高専・専門学校進学者を除く）の就職率
— 大卒者（進学者・臨床研修医を除く）の就職率
---- 同・非正規を除く
（万人）
20.00
18.00
16.00
14.00
12.00
10.00
8.00
6.00
4.00
2.00
0.00
就職氷河
バブル初期の
ピークを下回る
02 03 04 05 06 07 08 09 10 11 12 13 14 15 16 17 18 19
（年）

図表1-1　高卒者・大卒者の就職率とフリーター・無業者数の推移

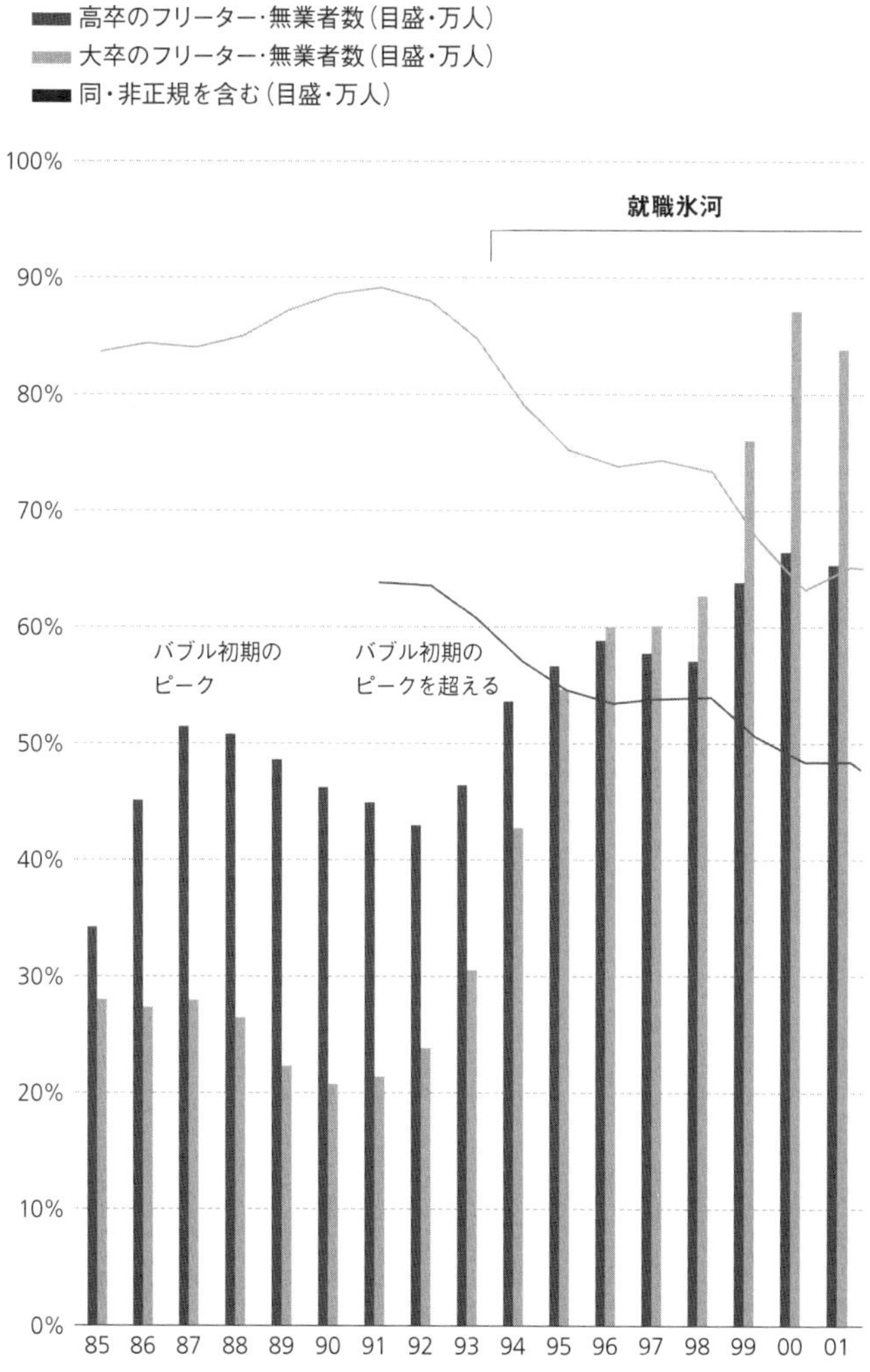

出典：学校基本調査

した。「左記以外の者」とは、進学も就職もしていない者のことである。「死亡・不詳の者」という分類は、一見すると不穏な感じがするが、「死亡」というのは三月三一日に卒業したあと、「学校基本調査」の実施日である五月一日までの間に亡くなった者のことで、実際にはきわめて少数だから、ほとんどが「不詳」、つまり学校が進路を把握していない者のことである。学校に進路を伝えなかった、尋ねても答えなかったということだから、その大多数はフリーターまたは無業者だと考えていいだろう。二〇一二年からは、正規雇用以外をフリーター・無業者に追加したグラフも示しておいた。

大卒者の就職率は、初め八〇%台前半で、これがバブル期に九〇%近くにまで上昇したあと、急落を始めて二〇〇〇年には六三・三%にまで下落した。そのあと二〇〇四年まで六〇%台半ばと低迷したあと、以後は上昇して一時は八〇%を超えるが、リーマン・ショック後の二〇一〇年に急落する。その後は回復に向かい、二〇一九年にはバブル期の水準に近くなっているが、正規雇用でないものを除外すると八〇%台半ばにとどまる。高卒者の就職率は、二〇一〇年ごろまでは大卒者とほぼ並行する形で変動してきたが、近年は低迷し、六〇%前後で推移している。

しかし、比率はあくまでも比率である。フリーター・無業者が社会に与える影響の大きさは、卒業者に占める比率ではなく、その人数によって決まると考えたほうがいいだろう。こちらに目を転じよう。

フリーター・無業者数が増加を始めるのは一九九三年からで、一九九四年にはバブル初期のピークである一九八七年を大幅に上回り、以後は激増が続く。大学進学率の上昇により、高卒の就職者と大卒の就職者の数が逆転したことから、その主流は一九九〇年代後半から大卒者に移行するが、両者の合計は二〇〇二年に三〇・八万人とピークに達した。以後は減少が続き、一九九四年を下回るのは二〇〇八年（一四・九万人）である。

連続的な変化なので、時期を区切るのは難しいのだが、ここは割り切るしかない。あえて区切るなら一九九四年から二〇〇七年までを就職氷河期とみなすのが適切と思われる。

ちなみに、朝日・読売・毎日・日経の四大全国紙のデータベースで、「就職氷河期」をキーワードに記事を検索すると、もっとも早い例では一九九二年一二月の記事がヒットするが、これは、ある就職情報会社が「就職氷河期が訪れた」とうたった情報誌を売り出したという内容のもので、[*1]この言葉が一般化したことを示すものではない。言葉が定着したことをうかがわせる記事が出るのは一九九三年の末からで、九四年になると急増していく。

この間に卒業を迎えた若者たちの数をみたいのだが、就職氷河期に卒業を迎えたかどうかは年齢が同じでも学歴によって違い、学歴が高校、短大、専門学校、四年制大学のどれであるかによって一－四年程度のずれが生じる。たとえば一九七四年に生まれた若者は、高卒ならば就職氷河期の訪れる前に卒業するが、大卒ならば就職氷河期に卒業を迎える。しかし人口に関する統計では、ここまで考慮することができないから、ここも割り切って高卒者と大卒者の間をとり、卒業時の年齢を二〇歳とみなすことにしよう。この場合、氷河期世代は一九七三年から一九八六年までに生まれた世代、ということになる。二〇二〇年時点の年齢は、誕生日を過ぎていれば三四歳から四七歳である。

第二次ベビーブーム世代と氷河期世代は、必ずしも一致しない

氷河期世代は、第二次ベビーブーム世代と関連付けて論じられることが多く、両者がひとまとめに論じられることも多い。しかし、両者は一致するわけではなく、少々複雑な関係にある。

図表1－2（66－67ページ）は、二〇一九年一〇月一日時点での年齢別人口を、出生年別に示したものである（ただし一〇月一日時点の年齢から、すでに誕生日を過ぎているものとみなして単純に出生年を判断したので、若干の誤差がある）。グラフのいちばん左は一九一九年以前に生

まれた人、つまり二〇一九年時点で一〇〇歳以上の人であり、いちばん右は二〇一九年に生まれた人、つまり〇歳の人である。ちなみに一九六六年生まれが前後に比べて大幅に少なくなっているのは、この年が丙午《ひのえうま》（この年に生まれた女は夫を殺すという迷信がある）にあたっていたからである。

ベビーブーム世代の範囲について、はっきりした定義はないが、ここでは人口変動がその世代の人々の進路に与えた影響を問題にするため、出生時の人数ではなく二〇一九年時点の人数を基準にとり、なおかつ範囲を少し広めにとることにしたい。そこで二〇一九年時点での同年齢人口が一八〇万人を超えている部分に注目して、一九四七年から一九五一年まで生まれた人々を第一次ベビーブーム世代、一九六八年から一九七六年までに生まれた人々を第二次ベビーブーム世代とみなすことにする。

グラフで網掛けをした範囲が、氷河期世代である。総人口は約二三〇八万人。第二次ベビーブーム世代とは、一部で重なっているが、一致するわけではない。第二次ベビーブームの前半部分は氷河期世代には含まれず、含まれるのは後半部分だけである。第二次ベビーブーム世代の前半部分は、同年齢人口は多かったものの、バブル景気の時期、あるいはバブル崩壊の始まったばかりのころに卒業を迎えたため、就職状況は悪くなかった。とこ

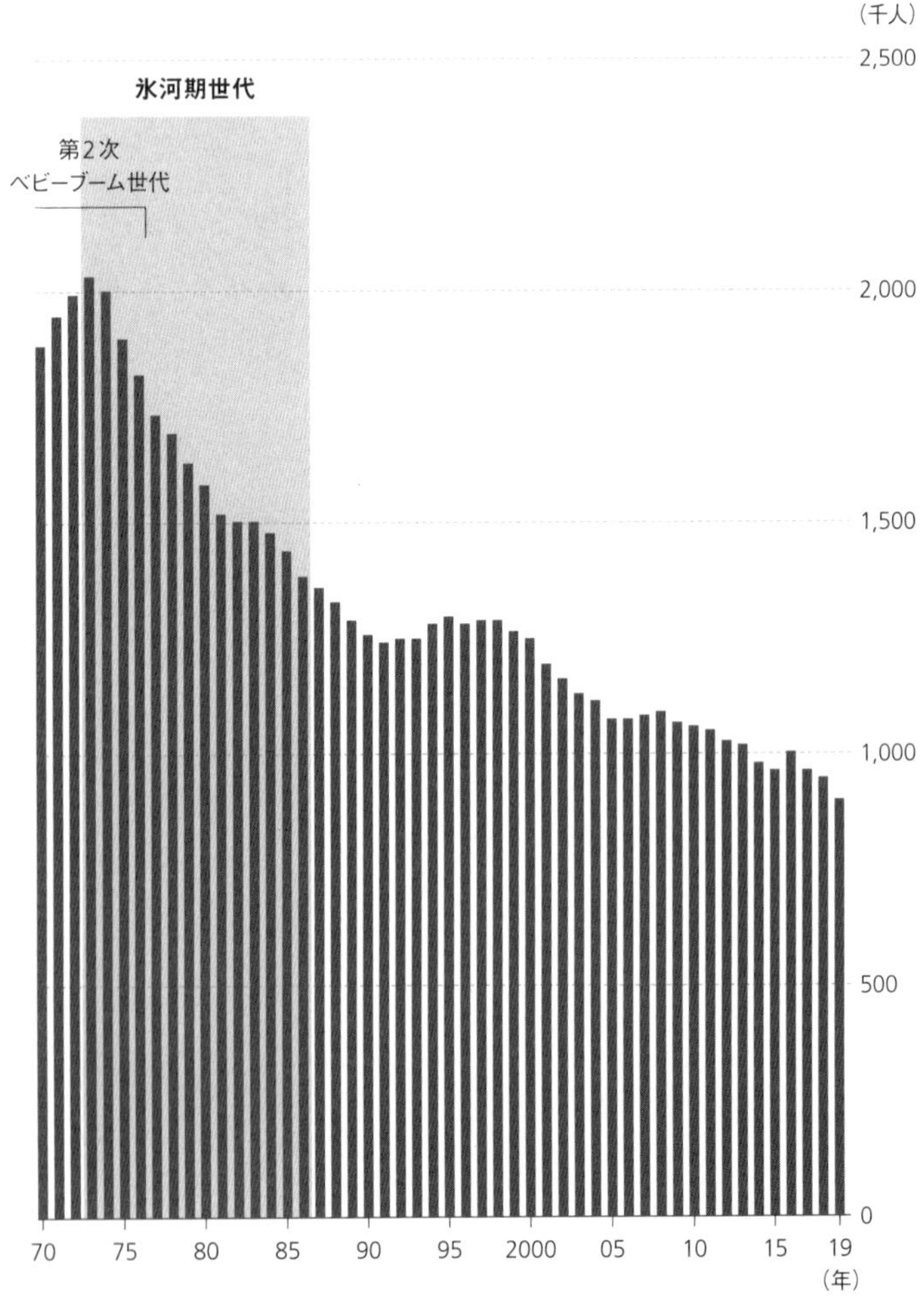
（千人）
2,500
2,000
1,500
1,000
500
0
氷河期世代
第２次
ベビーブーム世代
70
75
80
85
90
95
2000
05
10
15
19
（年）

出典：人口推計

図表1-2 氷河期世代の位置とその人口規模
（出生年別・2019年時点・千人）

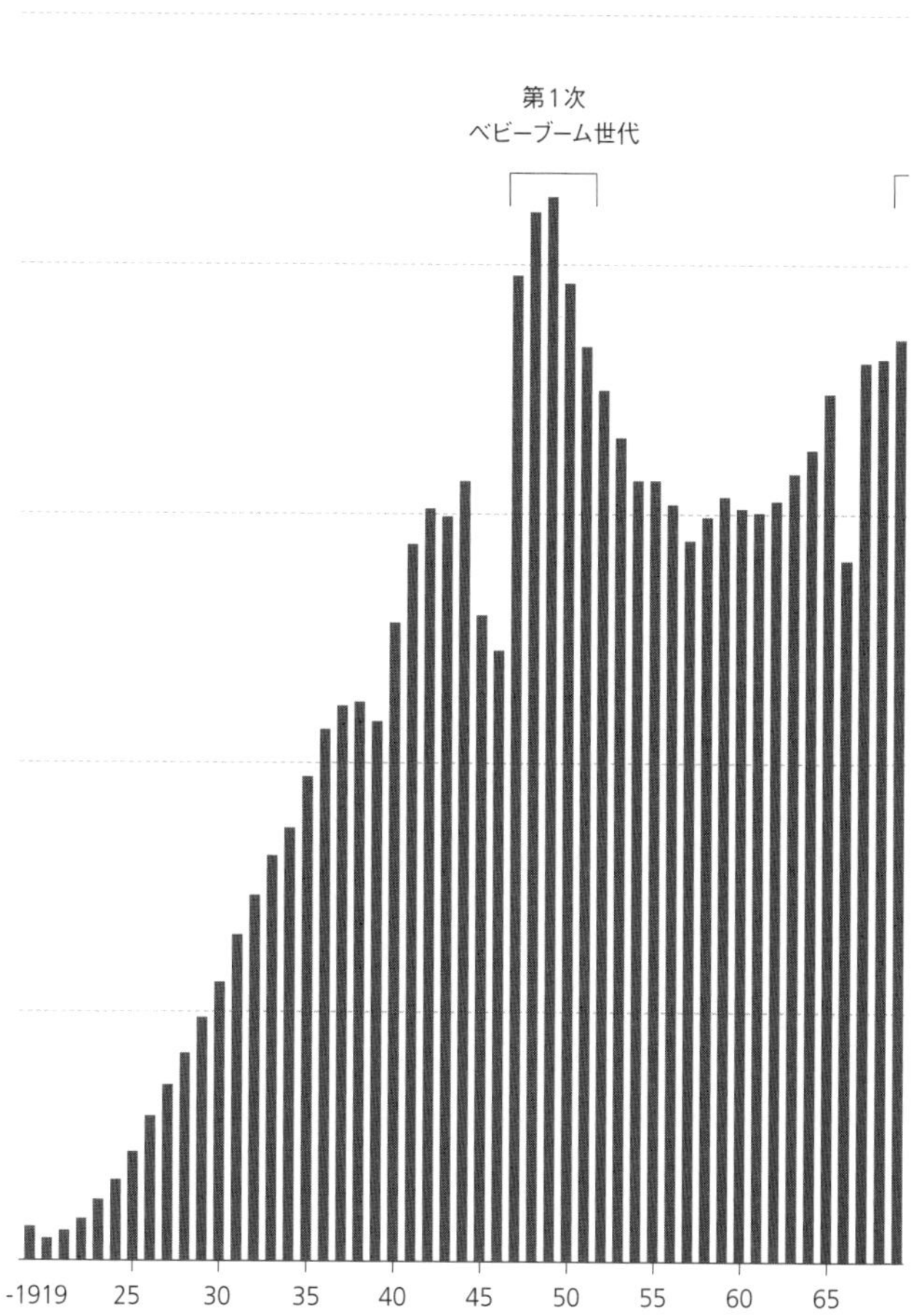

ろが後半部分は、バブル崩壊の影響をまともに受けて、急速に就職状況が悪化した。こうして第二次ベビーブーム世代は、進路の上では二分されてしまったのである。

第二次ベビーブーム世代の次の世代では、同年齢人口が急速に減少した。競争相手が減るわけだから、求人数が変わらなければ就職状況は好転するはずなのだが、そうはならなかった。求人の減少があまりにも激しかったからである。**図表1－1**（60－61ページ）からわかるように、フリーター・無業者数は第二次ベビーブーム世代よりむしろ増加し、しかもその過半数を大卒者が占めるようになった。

2. 氷河期世代の誕生

氷河期世代の生まれた時代

氷河期世代が生まれた一九七三年から一九八六年とは、どういう時代だったか。それは高度経済成長が終わってからバブル景気が始まるまでの時期といっていい。時代の雰囲気を思い出すため、主だった出来事をふりかえってみよう。

一九七三年は、オイルショックの年である。第四次中東戦争の勃発とともに原油価格が高騰し、全般的に物価が急上昇して、翌年には「狂乱物価」と呼ばれるようになった。スーパーには買いだめ客が殺到し、トイレットペーパーの品不足が深刻になった。社会不安を背景に小松左京の『日本沈没』がベストセラーとなった。

一九七四年は、政治に大きな変化があった。ジャーナリストの立花隆が月刊誌に「田中

角栄研究　その金脈と人脈」の連載を開始し、金権政治への批判が高まって、田中角栄は首相を辞任した。米国ではウォーターゲート事件が起き、ニクソン大統領が辞任した。「東アジア反日武装戦線〝狼〟」などによる連続企業爆破事件が起こったのも、この年である。一〇月にはプロ野球選手の長嶋茂雄が引退した。

一九七五年は、ベトナム戦争が終結した年である。石油ショック後の不況は続き、沖縄国際海洋博覧会の入場者数は、予想を大幅に下回った。三月には山陽新幹線が全線開業している。

一九七六年は、一九七四年に続いて政治に大きな変化があった。ロッキード事件で田中角栄が逮捕され、これを受けた自民党の内紛や、自民党を離党したグループによる新自由クラブの結成もあり、一二月の総選挙では自民党が結党以来初めて、衆議院で過半数を割り込んだ。

一九七七年は、野党に動きがあった。社会党を離党した江田三郎が社会市民連合を、文化人の中山千夏、永六輔らが革新自由連合を結成した。社会党は全野党政権、公明党と民社党が連合政権、共産党が革新統一戦線を提唱するなど、政権交代を目指す動きが活発化した。九月には日本赤軍が日航機をハイジャックし、日本政府は要求に応じて獄中の活動家などを解放した。

一九七八年には、カンボジア・ベトナム戦争が勃発した。日本の外交にも動きがあり、八月には日中平和友好条約が調印され、一一月には日米防衛協力のための指針（ガイドライン）が決定された。五月には成田に新東京国際空港が開港したが、反対派による管制塔の破壊によって二カ月遅れでの開港となった。

一九七九年には、第二次石油ショックがあったが、その影響は限定的だった。海外ではさまざまな動きがあり、一月にはイラン革命、二月には中越戦争が勃発、五月には英国でサッチャーが首相に就任した。三月には米国スリーマイル島で原発事故が起こっている。

一九八〇年も、海外での動きが目立った。五月には韓国で光州事件が勃発し、八月にはポーランドで造船所の労働者がストライキに入り、自主管理労組「連帯」が結成された。

一九八一年には第二次臨時行政調査会が発足し、土光敏夫が会長に就任して、「増税なき財政再建」を目指して審議を行ない、のちの行政改革と民営化推進の起点となった。

一九八二年には日本で反核運動が盛んになり、国連軍縮特別総会に向けて署名活動を行ない、約二七五〇万人分の署名を集めた。六月には東北新幹線、一一月には上越新幹線が開業している。

一九八三年には、大韓航空機がソ連軍機に撃墜される事件があった。フィリピンで元上院議員、ベニグノ・アキノが暗殺され、これを機に反政府運動が活発化した。一〇月には田中角栄が実刑判決を受けている。

一九八四年には、臨時教育審議会が設置され、教育制度改革についての検討を始めた。今日に至る新自由主義的な教育政策の導入は、ここから始まったとみることができる。グリコ・森永事件が起こったのもこの年である。またこの年の前後から普及価格帯のワープロが発売され、飛躍的に普及するようになった。

一九八五年には、先進五カ国（西独・仏・日・英・米）の蔵相・中央銀行総裁によるプラザ合意の年である。これによって急速な円高が進み、国内の製造業が衰退するなど、日本経済、ひいては日本社会の再編成が始まることになる。四月には日本電信電話公社と日本専売公社が民営化されて、日本電信電話株式会社（NTT）と日本たばこ産業株式会社が発足している。日航機が御巣鷹山《おすたかやま》山中に墜落して五二〇人が亡くなったのも、この年である。

一九八六年には、中曽根康弘首相（当時）が与野党の反対を押し切って衆議院を解散し、衆参同日選挙が実施されて自民党が圧勝し、惨敗の責任をとって辞任した石橋政嗣のあとを受けて、土井たか子が社会党委員長になった。男女雇用機会均等法が施行され、またソ連のチェルノブイリ原子力発電所で大事故が起こったのも、この年である。

大卒が増え、競争が激化

氷河期世代のたどってきた運命を考えるとき、数年だけ先行する第二次ベビーブーム世代の存在は、きわめて大きい。**図表1-3**（74ページ）は、このことについて考えるため、一九七〇年以降の中学卒業者数、高校卒業者数、大学卒業者数をみたものである。

中卒者数は、はじめは減少傾向にあったが、一九七三年にいったん底に達したあと、やや上下変動しながらも、一九八九年に二〇四・九万人とピークに達し、急速に減少していく。当然ながら高卒者数の変化は三年遅れで生じ、一九九二年に一八〇・七万人とピークに達する。

それでは大卒者数の変化はどうか。高卒者数から四年遅れる一九九六年まで増加して五一・三万人に達するところまではわかるのだが、高卒者が大幅な減少に転じたにもかかわらず、大卒者はその後も増加が止まらず、九年後の二〇〇五年には五五万人を超えてしまう。

図表1-3　卒業者数の推移（1000人）

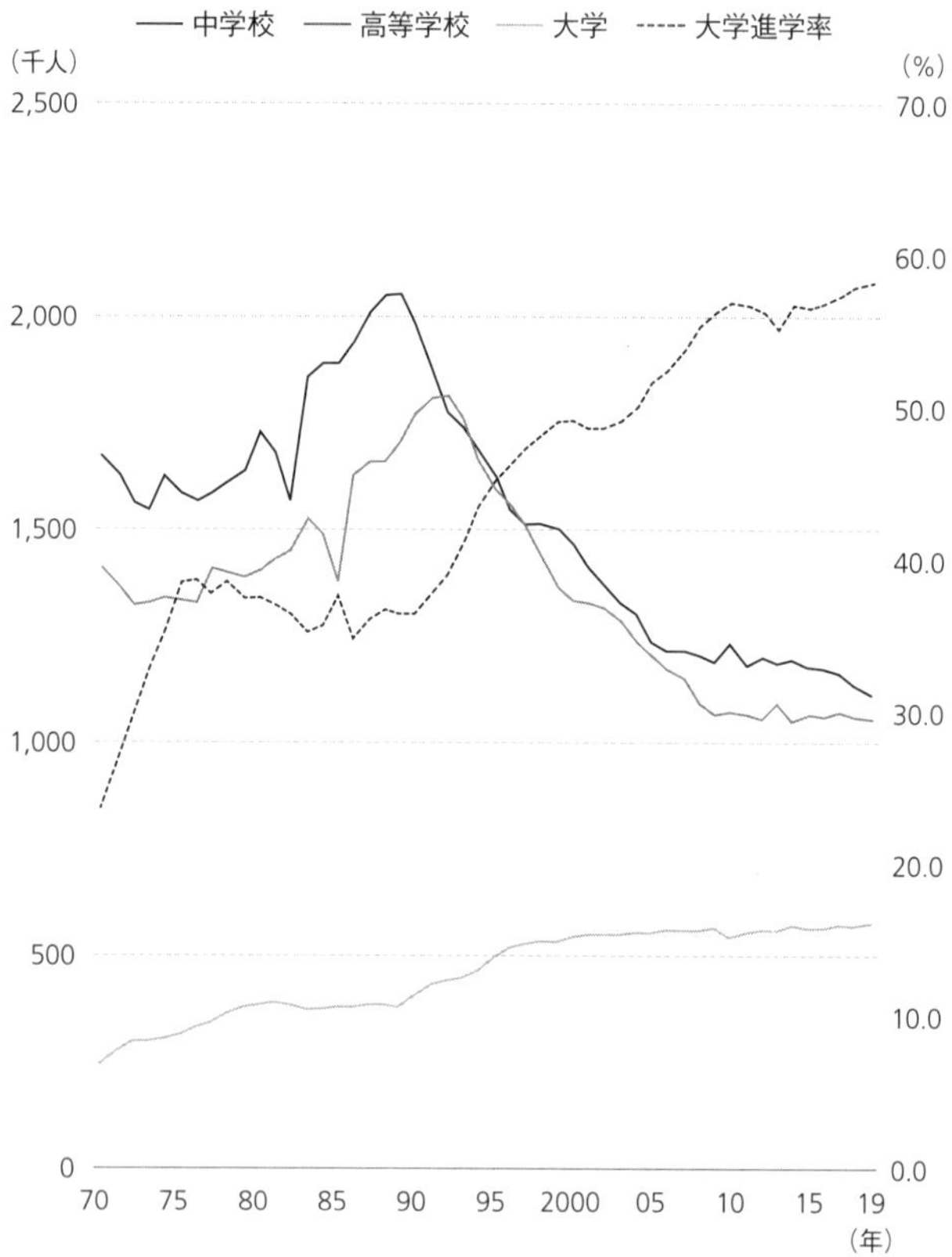

出典：学校基本調査

なぜ、こんなことになったのか。それは、大学定員が増えていたからである。第二次ベビーブーム世代が数年後に大学受験の時期を迎えることになった一九八四年、文部省（当時）は、大学定員を増やす方針を打ち出した。大学定員を今のままにしておくと、受験生の増加に対応できず、大学進学率が大幅に低下してしまうし、大量の浪人生を出すことにもなる。しかし、やがて第二次ベビーブーム世代は通り過ぎ、高卒者数は急速に減少していくから、大学定員を増やしたままにしておくこともできない。増やしたままだと大学定員が余ってしまい、定員割れを起こす大学が出てくる上に、大学教育の質が低下する可能性があるからである。

そこで文部省は、定員増の一部を「臨時的定員増」という一時的なものとし、あとで解消するということにした。当初の予定では、恒常的な定員増が四万二〇〇〇人、臨時的定員増が四万四〇〇〇人とされた。

ところが実際に定員を増やしてみたところ、高校生の進学志向が強まっていたために、当初の予想に比べて大学志願者数が大幅に増えてしまう。一九八九年度入試では志願者数一一〇・〇万人に対して、入学者数は七〇・二万人で、大学入学を果たせなかった受験生が三九・八万人にも達したのである。大量の不合格者の発生は、社会問題となった。しかも不合格者の数は、さらに増え続け、一九九一年度には四五万人を超えると予想された。[*2]
そこで文部省は、さらに大学定員を増加させることとし、最終的には恒常的な定員増が七万八一七三人、臨時的定員増が一一万二四四三人にまで膨れ上がるのである。その後も大学志願者数は増加を続け、私立大学関係者は臨時的定員の恒常化を要求するようになる。文部省もこれに応え、臨時定員増の五割までは恒常化することを認めることになった。
こうして大学定員は増え続けた。しかも高卒者の数は減っているのだから、大学進学率が上昇するのは当然である。第二次ベビーブーム世代が通過する間は微増にとどまっていた大学進学率は、一九九四年あたりから急上昇を始め、二〇〇〇年には四九・一%、二〇〇五年には五一・五%に達し、その後も上昇を続ける。大卒者の数が増えれば、競争相手が多くなるのだから、大学生の就職が難しくなるのは当然である。
ここで私の個人的な経験に触れておきたい。私は一九八二年に大学を卒業して大学院修士課程に入学し、一九八四年に博士課程に進学した。一九八七年には博士課程の在学年数が三年を過ぎ、オーバードクターとなった。最近では、大学院生の就職が難しいことは、よく知られているが、当時も決して楽だったわけではない。他の大学院生と同様、私も不安な時代を過ごしたのだが、そこに大学の臨時的定員増という幸運が舞いこんだ。教員一人あたりの学生数は、政令その他の規則によって決まっているので、学生定員が増えると、ほぼ自動的に教員の定数が増えるのである。だから、それまで社会学者が一人しかいなかった大学の学部が、二人目を募集するというようなことが始まった。近年、大学が専任教員を公募すると、数十人から百数十人が応募してくるということは珍しくない。しかし当時は、せいぜい十数人だった。こうして私は一九八八年、ある地方国立大学に就職できた。

本来ならば臨時的定員増によって教員が増えた場合、年長の教員が定年を迎えたときに補充しないという形で、教員の数は元に戻るはずだったのだろう。しかし定員の多くが恒常化されたから、教員の数もそのままとなることが多かった。このことが日本の大学教育にとって、よかったのかどうかはわからない。一八歳人口はその後も減少を続け、定員割れに陥る大学が激増したからである。二〇一九年度の場合、全国の私立大学五五九校のうち、定員割れを起こしたのは二二一校（三九・五％）となっている。この数はここ三年ほど上げ止まっている感があるが、これは文部科学省が定員管理に乗り出し、定員を上回る入学者を受け入れるのを厳しく制限し始めたからである。しかし一八歳人口の減少は今後も続くから、さらに状況は厳しくなるだろう。

それでは大学教員の数が増えたのに、どうして大学院生がなかなか大学に就職できないのか。それは、大学院生の数が大幅に増えたからである。一九八八年に大学院の修士課程を修了した学生は二万三七七九人、博士課程を修了した学生は五三三〇人だった。ところが二〇一九年は、それぞれ七万三一六九人、一万五五七八人で、約三倍に増えている。学部の学生数の増加率の比ではない。これに対して大学教員の数は、一九八八年の一一万八五一三人から、二〇一九年には一八万七八六二人と、たしかに増えてはいるのだが、一・六倍程度にとどまっている。しかも一九九〇年代中ごろまで、大学教員には基本的に任期というものがなかったのに対して、現在の大学教員のかなりの部分は任期付きであり、とくに若手の助教や助手はほとんどが任期付きで、数年経てば大学から放り出される。

これでは、大学院を出て研究業績を積み重ねていながら、非常勤講師をいくつも掛け持ちし、それだけでは収入が足りずにさまざまなアルバイトをして生活することを余儀なくされる「高学歴ワーキングプア」が増えるのも、当然である。「高学歴ワーキングプア」も氷河期世代に多くみられるが、それは一般の氷河期世代とはやや異なり、大学政策によってもたらされた部分が大きい。私の世代の研究者は、幸運にも第二次ベビーブームのおかげで比較的簡単に就職できた。しかしその後、大学院生たちは、文部科学省と一部の有力国立大学が進めた大学院重点化と、これにともなう大学院生の大幅増、そして任期制の導入によって、困難を強いられている。

氷河期世代の就職時、日本経済は大混乱

この間に起こったことをまとめてみよう。

第二次ベビーブーム世代の最初の部分が学校を卒業するころ、日本はバブル景気の末期を迎えていた。人材需要が拡大していたから、就職は比較的容易だった。バブルが崩壊したあとも、二、三年ほどはバブルの熱気が残り、就職状況は悪くなかった。

第二次ベビーブーム世代の前半部分が社会に出てしまったあと、求人は大幅に減少した。そのうえ大卒者数は多かったから、就職状況は急速に悪化した。こうして大量の若者が、フリーター・無業者となった。これが、就職氷河期の始まりである。

そしてこれに続く世代の若者たちが学校を卒業したとき、日本経済は、バブルの崩壊に加え、これに続く不良債権問題による経営破綻の続出で、大混乱に陥っていた。求人は急速に縮小し、フリーター・無業者がさらに激増した。とくに大卒者は、同年代の人口が減少していたにもかかわらず、大学定員増によって増えていたから、ますます競争が厳しく

なった。こうして大卒のフリーター・無業者は一九九六年に高卒者のそれを上回ったあと急増を続け、二〇〇〇年から二〇〇三年には毎年一七万人前後にも達したのである。求人の縮小に大卒者の増加が加わったのだから、ひとたまりもない。この時点で若者の雇用を守る何かの手段が講じられないかぎり、この世代におけるフリーター・無業者の激増は避けられなかったのである。

ここで短期大学のことに触れておきたい。戦前期には、大学とは別に多数の専門学校(旧制)が存在していたが、戦後になって新制大学が発足すると、一定の条件を満たす専門学校は大学に昇格することになった。しかし専門学校には、設備や教員数などが乏しいために、昇格できないケースが多かった。短期大学は、これらの学校を救済するために、当初は一時的なものとして作られた制度だった。とくに女子向けの学校として作られたものではなく、発足時の学生の過半数は男子だった。設備や教員数を整えて大学に昇格を果たし、やがては廃止されるはずだったのだが、「女の子に四年の大学教育は長すぎる」という当時の親たちの感覚に合ったことから、多数の女子が入学するようになり、「女子短大」としての性格を強め、やがて恒常的な制度へと転換されたのである。

しかし二〇世紀の終わりごろから、女子の高学歴志向の中で受験者が減少し、廃校になったり、四年制大学に転換したりするケースが増え、卒業者の数は全盛期の二割強にまで減少して、今日に至っている。現在短期大学として残っている学校の多くは、教育・保健医療・家政学関係の専門職を養成することを目的としており、就職率は高い。このように、氷河期世代の登場から今日までの間にその性格が大きく転換しているため、本章ではあえて取り上げなかった。

3. 氷河期世代の職業的キャリア

それでは氷河期世代は、どのような形で社会に出て、その後どのようなキャリアをたどってきたのだろうか。ここではデータにもとづいて、氷河期世代のひとつ前の世代と比較してみよう。

氷河期世代とポスト戦後世代

ここで使用するのは、二〇一五年ＳＳＭ調査データである。[*3] さきの**図表1－2**（66－67ページ）では、単純に生まれた年で氷河期世代を定義したため、学歴によって多少の誤差が生じ、高卒者では就職氷河期の少し前に卒業した人が、大卒者では就職氷河期の少しあとに卒業した人が、氷河期世代に含まれてしまっている。しかしＳＳＭ調査データでは、本人の生まれた年と学歴がわかるので、調査対象者がいつ卒業を迎えたかにもとづいて、

図表1-4 学歴別にみた氷河期世代

就職氷河期（卒業の年にもとづく）	**1994年から2007年まで**
就職氷河期世代の生まれた年（1994年から2007年に卒業）	
大学院修士課程の修了者	1969年から1982年まで
4年制大学の卒業者	1971年から1984年まで
短大・高専・専門学校の卒業者	1973年から1986年まで
高校卒業者	1975年から1988年まで
中学卒業者	1977年から1990年まで
ポスト戦後世代の生まれた年（1981年から1993年に卒業）	
大学院修士課程の修了者	1956年から1968年まで
4年制大学の卒業者	1958年から1970年まで
短大・高専・専門学校の卒業者	1960年から1972年まで
高校卒業者	1962年から1974年まで
中学卒業者	1964年から1976年まで

注：SSM調査データでは浪人や留年の有無がわからないため、全員が最短で卒業したと仮定する。また中退者も卒業者と同様に扱う。専修学校専修課程・一般課程については、高校卒業者と同じとみなす。早生まれなどのため、卒業年が想定より1年ずれる場合がある

より正確に氷河期世代を区別することができる。ここでは、**図表1-4**（83ページ）のような方法で、氷河期世代とその前の世代を区別することにする。

就職氷河期世代は、一九九四年から二〇〇七年までに学校を卒業した世代である。短大・高専の卒業者の場合はおおむね一九七三年から一九八六年までに生まれた世代で、四年制大学の卒業者では二年遅れ、高卒者では二年早くなる。専門学校の修業年限は多様だが、ここでは短大と同じとみなしておこう。

比較対象とするひとつ前の世代を、ここではポスト戦後世代と呼んでおくことにする。定年後や定年まぎわの対象者が入ると比較に適さないので、二〇一五年の調査時点で五〇歳代半ばまでとなる、学校を出た年が一九八一年から一九九三年までの人々を含めることにする。

ポスト戦後世代と氷河期世代のキャリアの違い

図表1-5は、学校から職業への移行のようすをみたものである。学校を出てからすぐに仕事に就いたという人の比率は、ポスト戦後世代では九〇%を超えている。男女差も認められず、学校を出たらすぐに就職するのが当たり前だったということがわかる。これに

図表1-5　学校から職業への移行

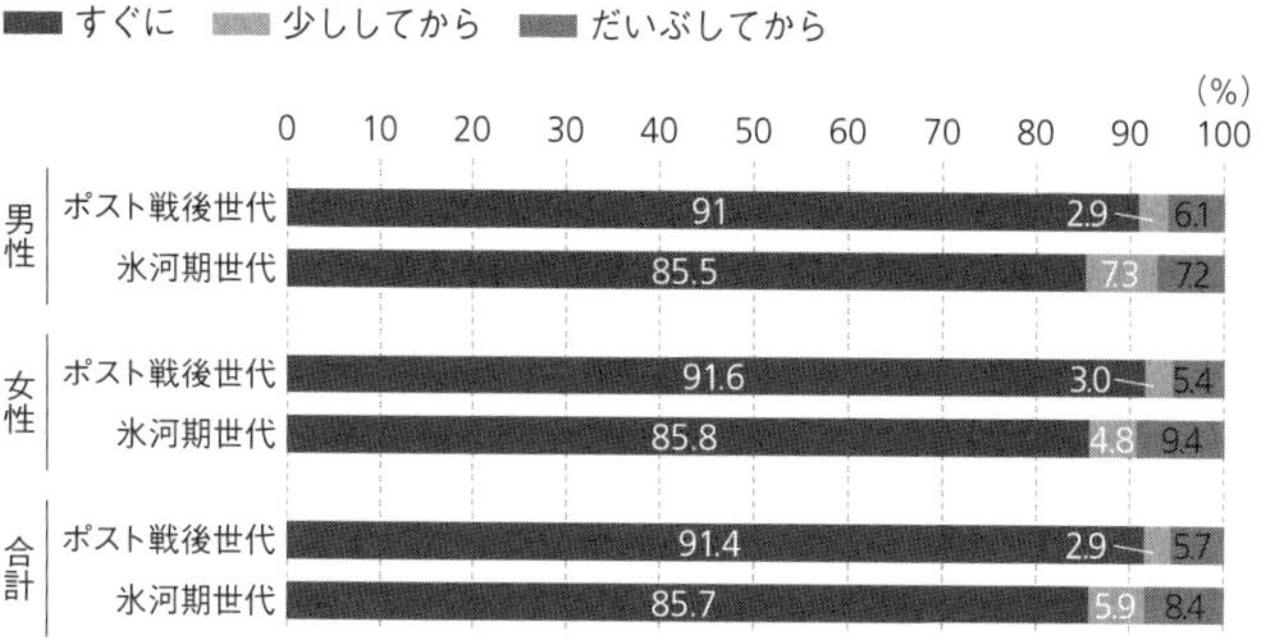

出典：2015年SSM調査データから算出
注：「すぐに」は１カ月未満、「少ししてから」は1-3カ月以内、「だいぶしてから」は４カ月以上を指す

対して氷河期世代では、すぐに就職したという人は男性で八五・五％、女性で八五・八％にとどまっており、七人に一人くらいは一カ月、あるいはそれ以上経ってから仕事に就いている。学校からすぐに職業に移行することが、必ずしも当たり前とはいえなくなっているのである。男性と女性を比べると、女性のほうが「だいぶしてから」の比率が二％ほど高い。

図表１－６（86ページ）は、最初に仕事に就いたときの所属階級をみたものである。SSM調査では、卒業してからの経過期間を問わず、最初に就いた仕事について尋ねている。だから、**図表１－１**（60－61ページ）で用いた学校基本調査では「左記以外の者」「死亡・不詳の者」とされていたような人についても、

図表1-6　最初に仕事に就いたときの所属階級

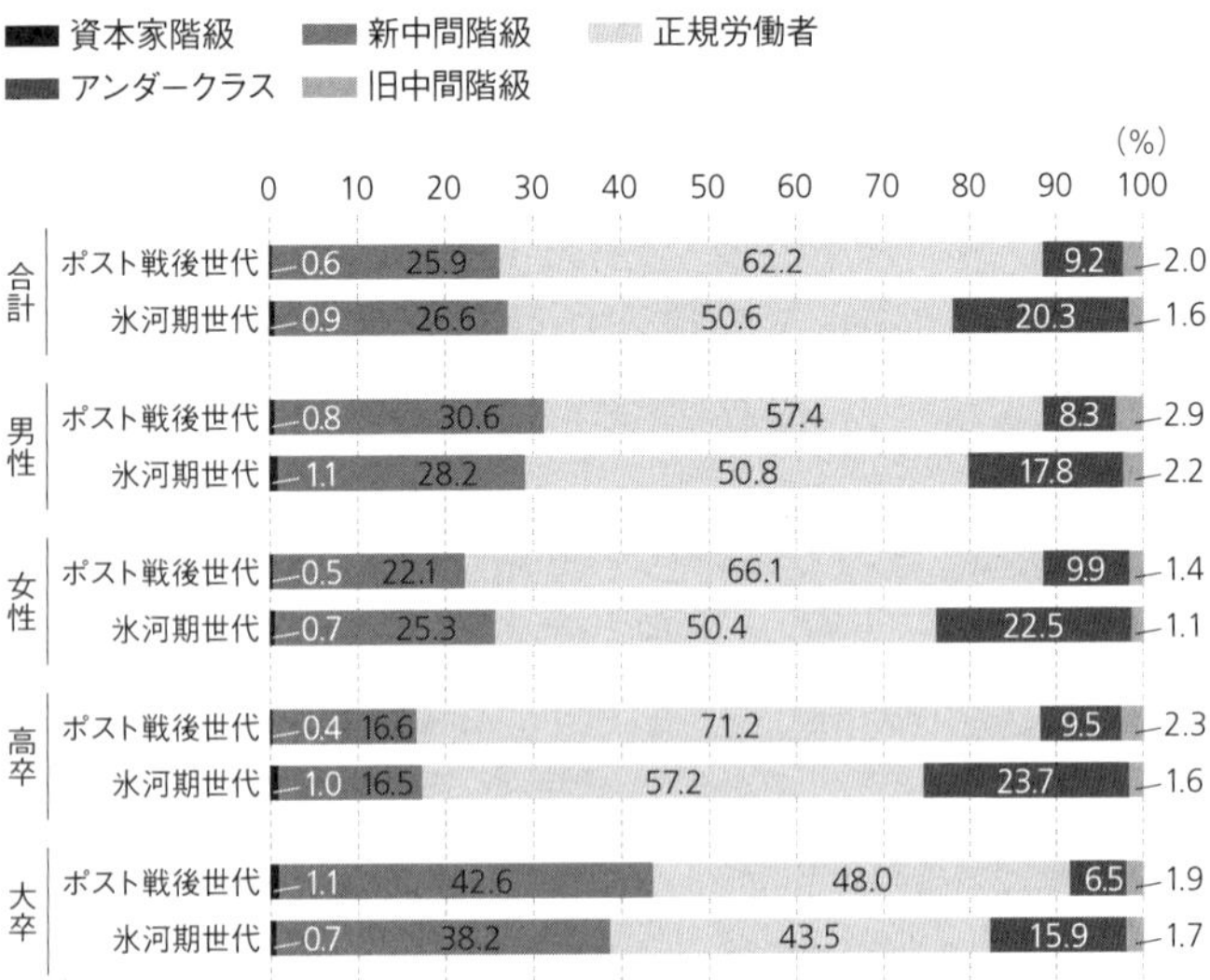

出典：2015年SSM調査データから算出
注：初職が結婚後のパート主婦だった回答者は集計から除外した

最初にどのような仕事に就いたのかを知ることができるのである。労働者階級は正規労働者とアンダークラスに分けた。

ポスト戦後世代と氷河期世代の大きな違いは、アンダークラス比率である。ポスト戦後世代では、性別を問わず最初に仕事に就いたときからアンダークラスだった人は少なく、男性で八・三％、女性でも九・九％に過ぎない。これに対して氷河期世代では、男性で一七・八％、女性では二一・五％がアンダークラスである。アンダークラス比率には学歴による違いがあり、大卒者より高卒者で多い。しかし氷河期世代は、大卒者でも一五・九％までがアンダークラスになっており、深刻であることに変わりはない。

次に、初職について以降のキャリアをみてみよう。他の社会調査にはほとんど例がないのだが、ＳＳＭ調査では、最初に仕事に就いてから調査時点までに就いた職業を、すべて尋ねている。それぞれの職業については、職種や産業、役職などとともに、何歳から何歳まで就いていたかも尋ねている。だから、最初の仕事に就いてから現在までの職歴を、一年単位でみることができる。

まず**図表1－7**（88ページ）は、ポスト戦後世代の所属階級を、一年ごとにみたものである。①が男性である。初職でアンダークラスだった人はもともと少ないが、年を経るご

図表1-7　ポスト戦後世代の30歳までのキャリア

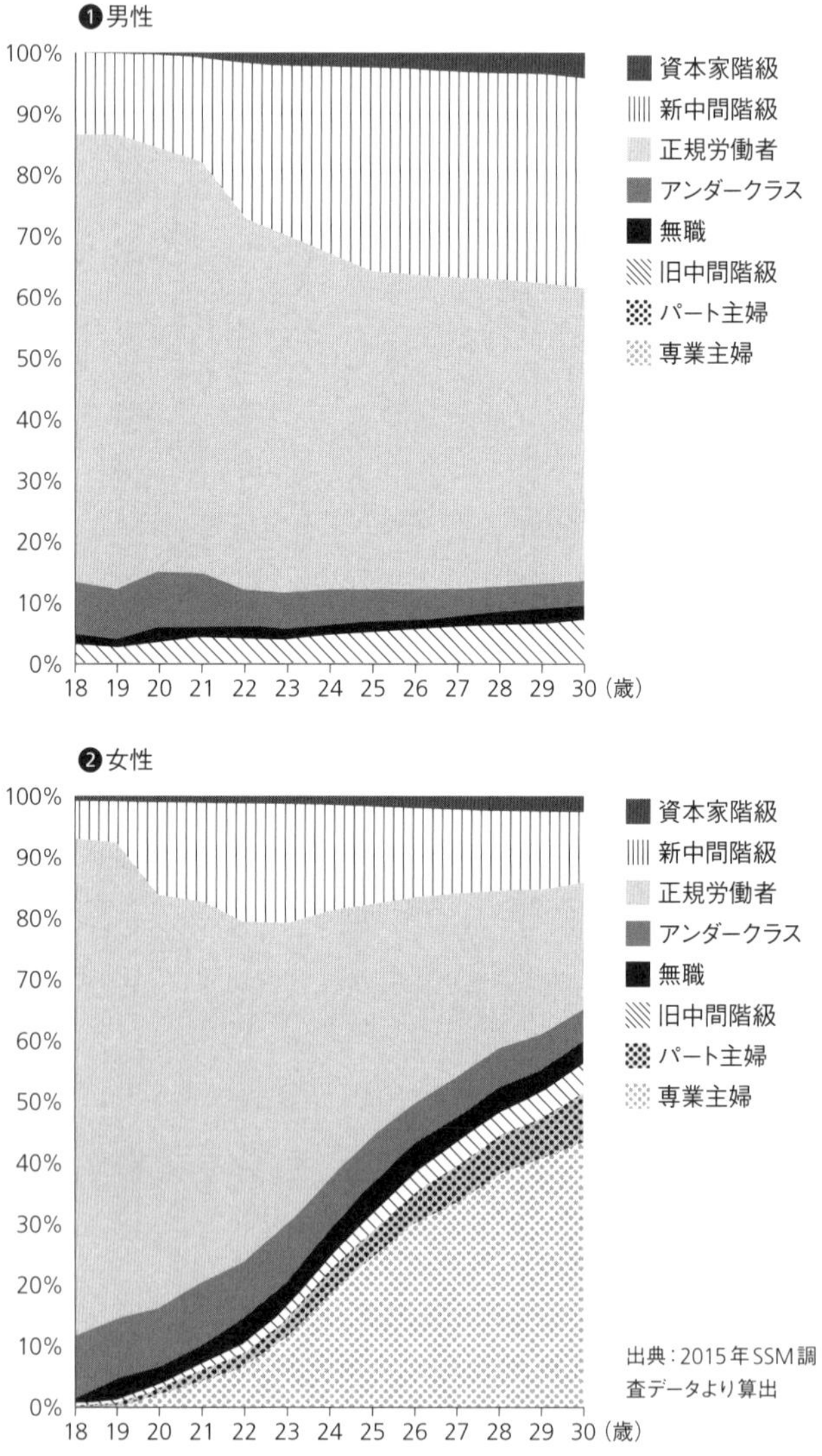

出典：2015年SSM調査データより算出

とにさらに減っていく。これに対して急速に増えていくのは、新中間階級である。一八歳時点でも一三・〇%は新中間階級で、大卒者が加わる二二歳では二五・三%となるが、その後も増え続けて、三〇歳時点には三四・〇%となる。役職者に昇進する人がいるからである。資本家階級と旧中間階級もわずかながら増えているが、これは独立して起業する人や、家業を継ぐ人がいるからである。

②は女性である。最初は労働者階級が圧倒的に多く、短大や大学からの卒業者が加わると新中間階級が増えていくが、その直後には結婚して専業主婦になる人が急増し、三〇歳時点では四三・五%にも達する。パート主婦は、まだ子どもが小さいからあまり多くはないが、それでも三〇歳時点では八・〇%になっている。ほぼその分だけ減少するのは労働者階級で、三〇歳時点では二〇・八%となる。アンダークラスは男性ほど減少幅が大きくないが、三〇歳までには五・一%にまで減少する。

男性と女性を比べれば、男性は正規の職について順調にキャリアを積み、女性は結婚退職して主婦になるという、伝統的な性役割分業に沿った、相補的なキャリアがみてとれる。

これに対して**図表1-8**（90ページ）は、氷河期世代の所属階級を、同様に一年ごとにみたものである。男性の場合、アンダークラスの比率は一〇歳代では二割を超えており、

図表1-8　氷河期世代の30歳までのキャリア

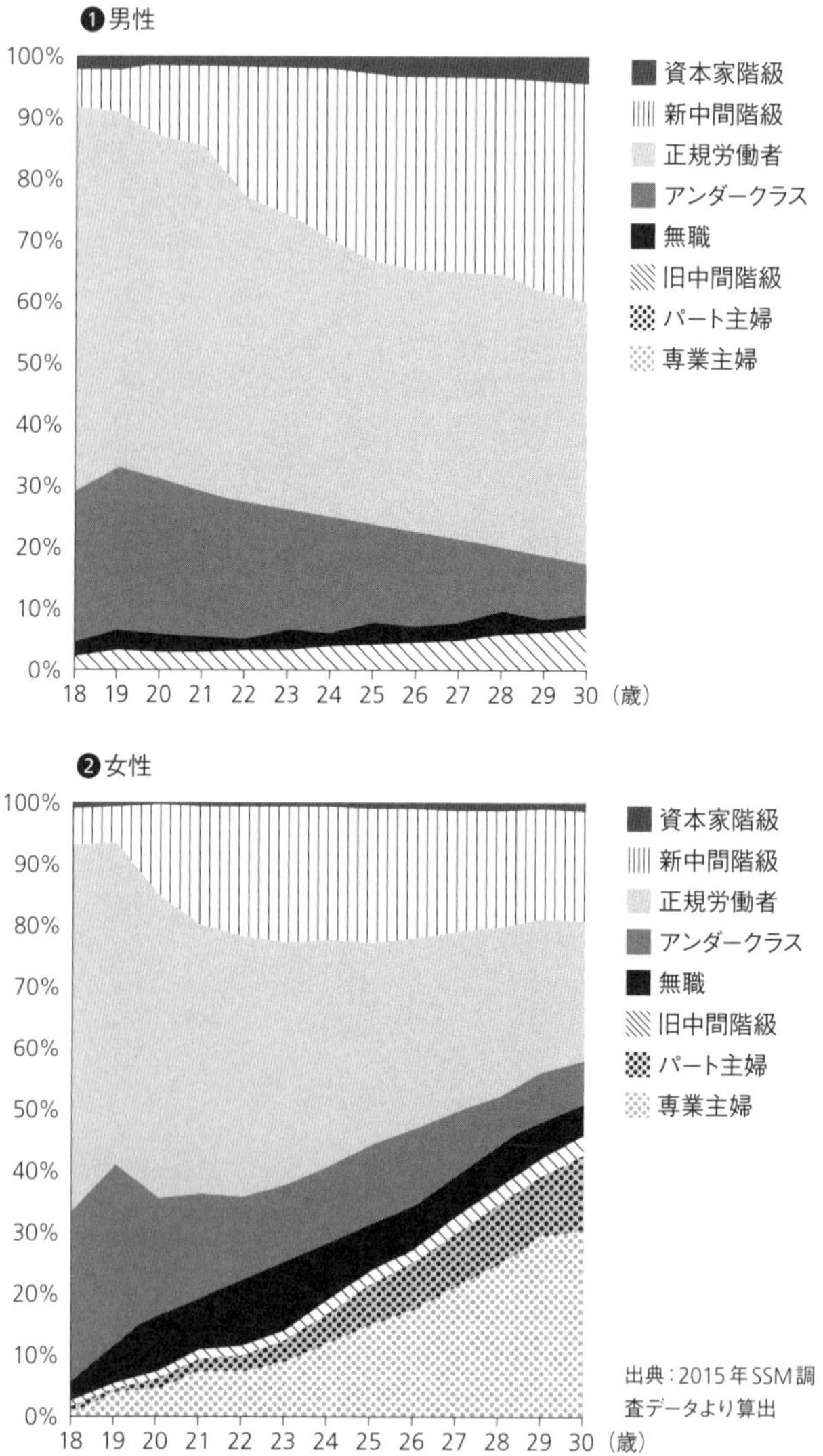

出典：2015年SSM調査データより算出

大卒者が加わる二二歳では一六・五％にまで低下するが、その後の低下は緩やかで、三〇歳時点でも六・八％、無職を含めると九・〇％がアンダークラスに滞留している。新中間階級の比率はもともとポスト戦後世代に比べて大幅に少なく、一八歳時点では六・二％で、大卒者が加わる二二歳でも二〇・七％にとどまる。ただし、その後は増え続けて、三〇歳時点では三五・六％と、ポスト戦後世代と同水準となる。氷河期を乗り越えて就職できた人々は、比較的順調なキャリアを手に入れているということだろう。意外なのは旧中間階級である。**図表０－４**（31ページ）でみたように、旧中間階級は産業構造の変化によって急速に減少してきた階級であり、高齢化が進んでいる。ところが氷河期世代には意外なほど旧中間階級が多い。一八歳時点では二・六％にとどまるが、その後はかなり急速に増加して、三〇歳時点では七・一％と、ポスト戦後世代（七・二％）と同水準になるのである。彼らの出身階級をみると、自営業者層が四四・二％、農民層が七・〇％と多い。旧中間階級出身の氷河期世代は、家業に避難所を求めているようである。

女性では、男性以上にアンダークラスの比率が高く、一九歳では三割を超えている。以後は減少していくが、男性に比べて滞留する傾向が強く、二五歳時点でも一六・一％、三〇歳時点でも八・二％がとどまっており、無職を含めればそれぞれ二〇・五％、一二・一

%がアンダークラスである。専業主婦への流出はポスト戦後世代に比べて緩慢で、三〇歳時点でも三〇・八%にとどまる。

男性と女性を比べると、正規雇用の機会に恵まれた男性と一部の女性では、ポスト戦後世代と同様の、相補的なキャリアがみられるものの、ここから外れた人の比率がかなり高いことがわかる。

氷河期アンダークラスは後々まで不利

いったん非正規労働者になると、なかなか非正規の世界から抜け出せないといわれる。しかし**図表1-8**（90ページ）からみると、アンダークラスの比率は少しずつだとはいえ年を経るにしたがって減少しており、脱出している人は決して少なくはない。もっともここには、アンダークラスがなかなか調査に答えてくれないという事情も関係している。

私が行なった二〇一六年首都圏調査では、都心から五〇キロメートル圏内で六〇地点を選び、調査対象者を選挙人名簿から抽出した。調査地点を選ぶにあたっては、市街化が進んだ地域とそうでない地域、所得水準の高い地域と低い地域、高齢化の進んだ地域とそうでない地域など、さまざまな特徴をもった地域がまんべんなく選ばれるようにしたのだが、調査票の回収率は地域によってずいぶん違った。とりわけ、新宿や池袋などの副都心から二—三キロメートルほど離れた住宅地に、回収率が低い地域があった。どんな地域かと足を運んでみると、小さな一戸建や木造アパートが密集する地域だった。おそらく副都心の飲食店やサービス業などで働く、非正規労働者が多いと思われる地域である。

だから今回用いたSSM調査データの場合でも、アンダークラスの回収率は高くないはずである。実際、序章でみたようにアンダークラスが就業人口に占める比率は一四％台の半ばであるはずなのに、二〇一五年SSM調査に回答した就業者に占めるアンダークラスの比率は一二・九％と低かった。また最初に仕事に就いた時点ではアンダークラスでも、ここから脱出して正規雇用者や自営業者になった人々は普通に回答してくれているはずだから、データの上では、脱出した人の比率が高めに表われても不思議ではない。

こういう限界があることは承知の上で、初職がアンダークラスだった人々の、その後のキャリアをみることにしよう。**図表1－9**（94ページ）は、初職時点でアンダークラスだった氷河期世代の、その後の所属階級を一年ごとにみたものである。男性の場合、アンダークラスからの脱出は、最初のうちは比較的順調に進むが、二八歳あたりで足踏み状態となる。三〇歳時点ではアンダークラスが二〇・五％、無職を加えると二八・六％である。脱

図表1-9　初職がアンダークラスだった氷河期世代の30歳までのキャリア

❶男性

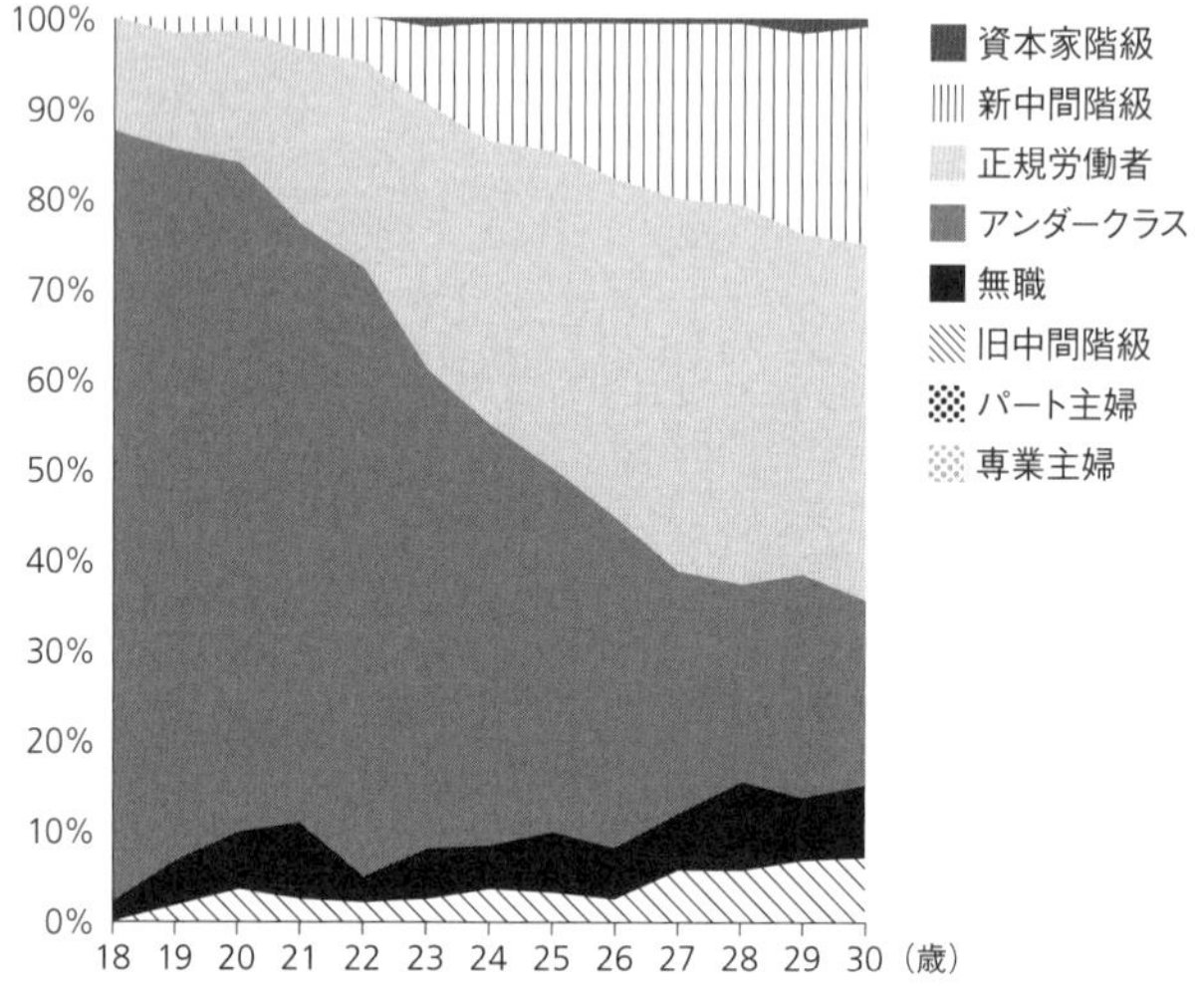

❷女性

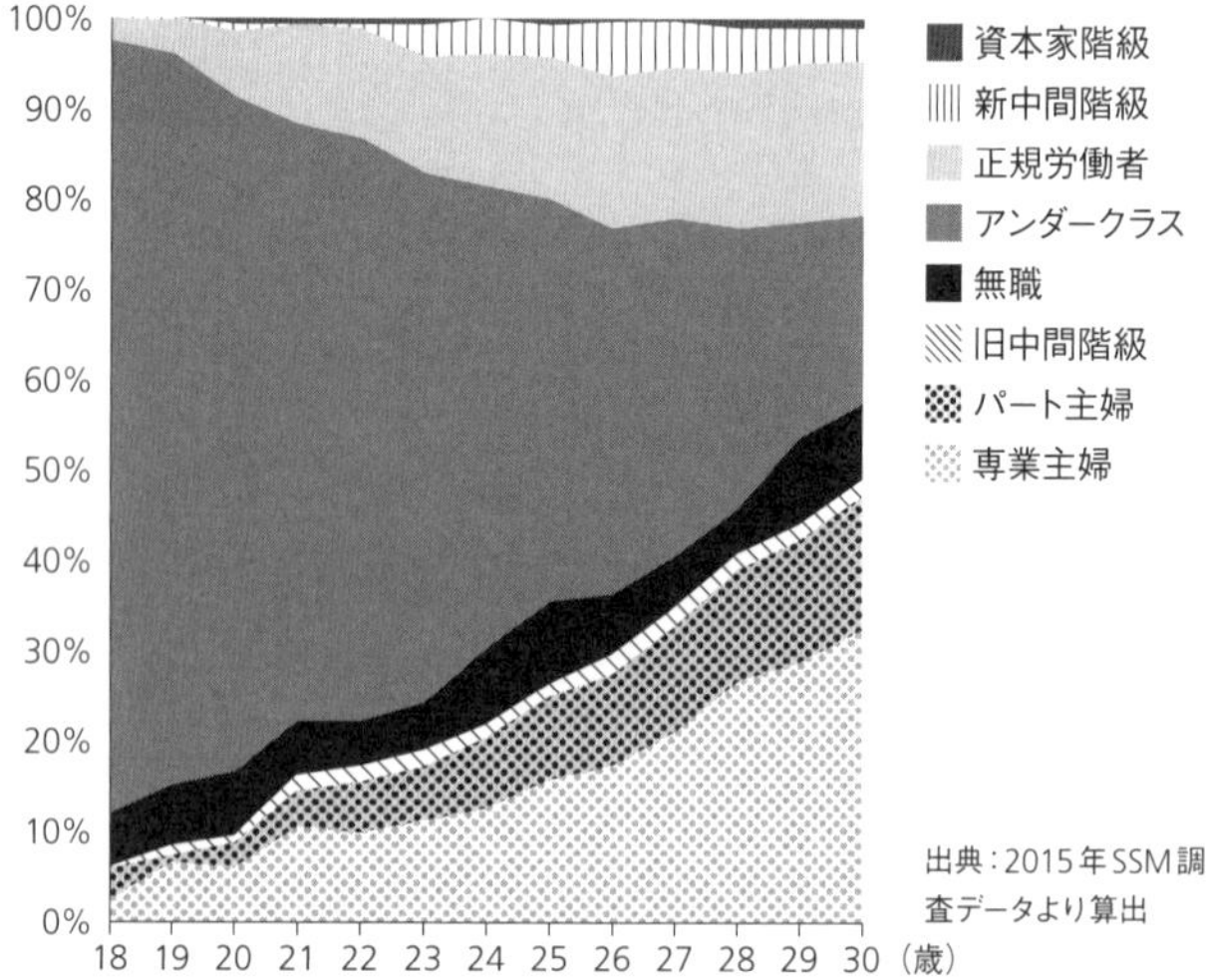

出典：2015年SSM調査データより算出

出先でもっとも多いのは正規労働者、次いで新中間階級である。

女性でも脱出は途中まで順調に進むが、脱出先では専業主婦とパート主婦が多い。正規労働者への脱出は二六歳あたりで止まり、以後は脱出のほとんどが専業主婦とパート主婦への移動となる。三〇歳時点のアンダークラス比率は二〇・七%、無職を加えると二九・〇%で、パート主婦以外の有業者に占める比率は五五・一%と過半数に達する。

このように男性では正規労働者と新中間階級、女性では専業主婦とパート主婦への脱出が主流なのだが、これらの人々は、最初から正規雇用だった人々と同じように生活しているのだろうか。これをみるために、個人年収、そして専業主婦とパート主婦については配偶者の年収と所属階級を比較したのが、**図表1―10**（96ページ）である。

新中間階級男性の場合、初職がアンダークラスだった人の個人年収は四五八万円で、そうでない人に比べて約一二〇万円少ない。正規労働者の場合でも、初職がアンダークラスだった人は、そうでない人よりも一〇〇万円近く年収が少ない。女性では初職がアンダークラスだった新中間階級の個人年収は、そうでない人に比べて約八〇万円少ない。ただし正規労働者では、差が出なかった。

非正規雇用から正規雇用へ移動した人々の収入が、一貫して正規雇用だった人々に比べ

図表1-10 初職がアンダークラスだったことによる不利（氷河期世代）

	初職が アンダークラス	初職が アンダークラス以外
新中間階級男性の個人年収	458.0万円	579.8万円
正規労働者男性の個人年収	338.8万円	433.8万円
新中間階級女性の個人年収	248.6万円	328.8万円
正規労働者女性の個人年収	303.2万円	291.4万円
専業主婦の配偶者年収	498.4万円	591.9万円
パート主婦の配偶者年収	418.9万円	482.4万円
専業主婦の配偶者の新中間階級比率	32.7%	48.7%
パート主婦の配偶者の新中間階級比率	19.5%	36.8%

出典：2015年SSM調査データより算出
注：「人並みより上」比率は、「かりに現在の日本の社会全体を5つの層に分けるとすれば、あなた自身はこのどれに入ると思いますか」という設問で、「上」「中の上」「中の下」「下の上」「下の下」の選択肢から「上」または「中の上」を選んだ人の比率

て低いことは、官庁統計からも裏付けられる。教育社会学者の小杉礼子は、総務省の「就業構造基本調査」のデータを用いて、正規雇用以外の就業を経ているか否かで正社員の年収がどれくらい違うかを明らかにしている。これによると三五歳から四四歳の正社員の年収は、初職が正社員でそのまま継続している「正社員定着型」は男性五三〇・七万円、女性三七八・五万円であるのに対して、初職が非正規雇用などだった「他形態から正社員」では男性三五七・九万円、女性二三九・三万円と低かった。[*4] この数字を引いて社会活動家の藤田孝典は、氷河期世代の正規雇用比率は高くなってきているものの、その多くは非正規から移動した人々であり、年齢が高いにもかかわらず給料が抑え込まれる「後から正社員」なのだと指摘している。[*5]

さらに公益財団法人連合総合生活開発研究所（連合総研）は、「賃金構造基本統計調査（賃金センサス）」の分析から、氷河期世代はひとつ前の世代に比べて賃金が低いことを明らかにしている。一般労働者（正規・非正規にかかわらず、短時間労働者ではない労働者）の賃金を男女別・学歴別・年齢別にみると、多くの場合で二〇一〇年から二〇一五年の間に賃金が上昇しているのだが、氷河期世代にあたる三五歳から三九歳と、大学・大学院卒の四〇歳から四四歳では賃金が最大で月額二・三万円も低下している。[*6] その原因のひとつは、氷河期世代に最初の就職で非正規雇用だった人が多かったことだろう。

それではアンダークラスから専業主婦やパート主婦へと移行した女性と、それ以外の女性の間には、違いがあるだろうか。配偶者の個人年収をみると、女性本人の初職がアンダークラスだと、それ以外の場合に比べて、専業主婦の場合で九〇万円以上、パート主婦の場合で六〇万円以上、低くなっている。配偶者の所属階級にも違いがあり、女性本人の初職がアンダークラスの場合、それ以外に比べて新中間階級の比率が、専業主婦で一六%、パート主婦で約一七%低くなっており、ほぼその分だけ労働者階級と旧中間階級が多くなっている。

こうしてみると、初職時点でアンダークラスだったことは、ここから脱出することに成功した場合でも将来に影響を残し、階層的な地位を引き下げるということがわかる。脱出できたからといって、すべてよしというわけではない。このように氷河期世代として生まれたことは、初職時点でアンダークラスに所属する可能性を高めたことによって、後々まで不利益をもたらすのである。

結婚の可能性についてもみておこう。**図表1-11**は、初職と現職の所属階級を二つに分け、調査時点での未婚率を比較したものである。男性の場合、アンダークラスの未婚率は

図表1-11 初職時点と現在の所属階級別にみた氷河期世代の未婚率

	初職時点の所属階級	現在の所属階級	
		アンダークラス	アンダークラス以外
男性	アンダークラス	89.3%	40.4%
	アンダークラス以外	64.0%	25.0%
女性	アンダークラス	75.0%	15.0%
	アンダークラス以外	53.8%	15.1%

出典：2015年SSM調査データより算出
注：現時点で無職の人を含む

非常に高いが、それでも初職時点からアンダークラスだった場合は八九・三％、アンダークラスではなかった場合は六四・〇％で、二五％ほどの差がある。現職がアンダークラスではない場合は未婚率が低くなるが、それでも初職がアンダークラスだった人では四割を上回り、初職がアンダークラスではなかった場合より約一五％高い。女性では全体に男性より未婚率が低いが、アンダークラスの未婚率は高く、初職がアンダークラスだった場合で七五・〇％に達し、そうでなかった場合でも五三・八％と半数を超える。これに対して現職がアンダークラス以外の場合には、初職による未婚率の差はみられない。初職がアンダークラスであることによるダメージは、男性のほうが大きいようである。

三つの氷河期世代――前期、中期、後期

しかし実は、氷河期世代といっても内部はかなり多様である。なにしろ、卒業年が一九九四年から二〇〇七年と、年齢幅が一四年もある。この間の大卒者の就職率は、卒業者全員を分母にした場合で、最初の一九九四年が七〇・五%、最悪だった二〇〇三年が五五・〇%、回復に向かう途中の二〇〇七年は六七・六%と、十数%の差がある。

そこで氷河期世代を大卒者の就職率を目安に三つのグループに分けて、それぞれの初職をみることにしよう。*7

第一のグループは一九九四年から、就職率が急落しつつあったものの、辛うじて六〇%台後半を維持し続けた一九九八年までに卒業を迎えたグループである。これを「前期氷河期世代」と名づけよう。

第二のグループは、就職率が急落して六〇・一%となった一九九九年から、五五%台半ばにとどまり続けた二〇〇四年までに卒業を迎えたグループである。これを「中期氷河期世代」と名づけよう。

第三のグループは、就職率が低迷していたとはいえ回復過程に向かい、なんとか五九・七％まで持ち直した二〇〇五年から二〇〇七年までに卒業を迎えた世代である。これを「後期氷河期世代」と名づけよう。

図表1-12（102ページ）は、この三つの氷河期世代のそれぞれについて、初職時点での所属階級をみたものである。三つの世代を比較すると、アンダークラス比率がかなり違う。前期氷河期世代は一四・七％だが、中期氷河期世代は二六・〇％と四分の一を超え、後期氷河期世代は二〇・七％である。それでは前期氷河期世代は、他の氷河期世代より恵まれていたのかといえば、必ずしもそうではない。新中間階級比率が二七・四％と低く、後期氷河期世代（三〇・五％）を下回っているからである。とくに大卒者では、前期氷河期世代の四〇・五％に対して、後期氷河期世代は四七・二％と、差が大きい。

男女差も見逃せない。前期氷河期世代のアンダークラス比率は、男性では一〇・三％と高くないのだが、女性では一八・〇％で、すでに二割近くにまで達しているのである。これに対して中期氷河期世代では、男性が二四・三％、女性が二七・五％と、いずれも高水準だが男女差は縮小しており、後期氷河期世代でも男性が一八・九％、女性が二二・三％で、差が大きくない。そして後期氷河期世代の新中間階級比率は、男性が二八・三％、女性が

図表1-12 最初に仕事に就いたときの所属階級

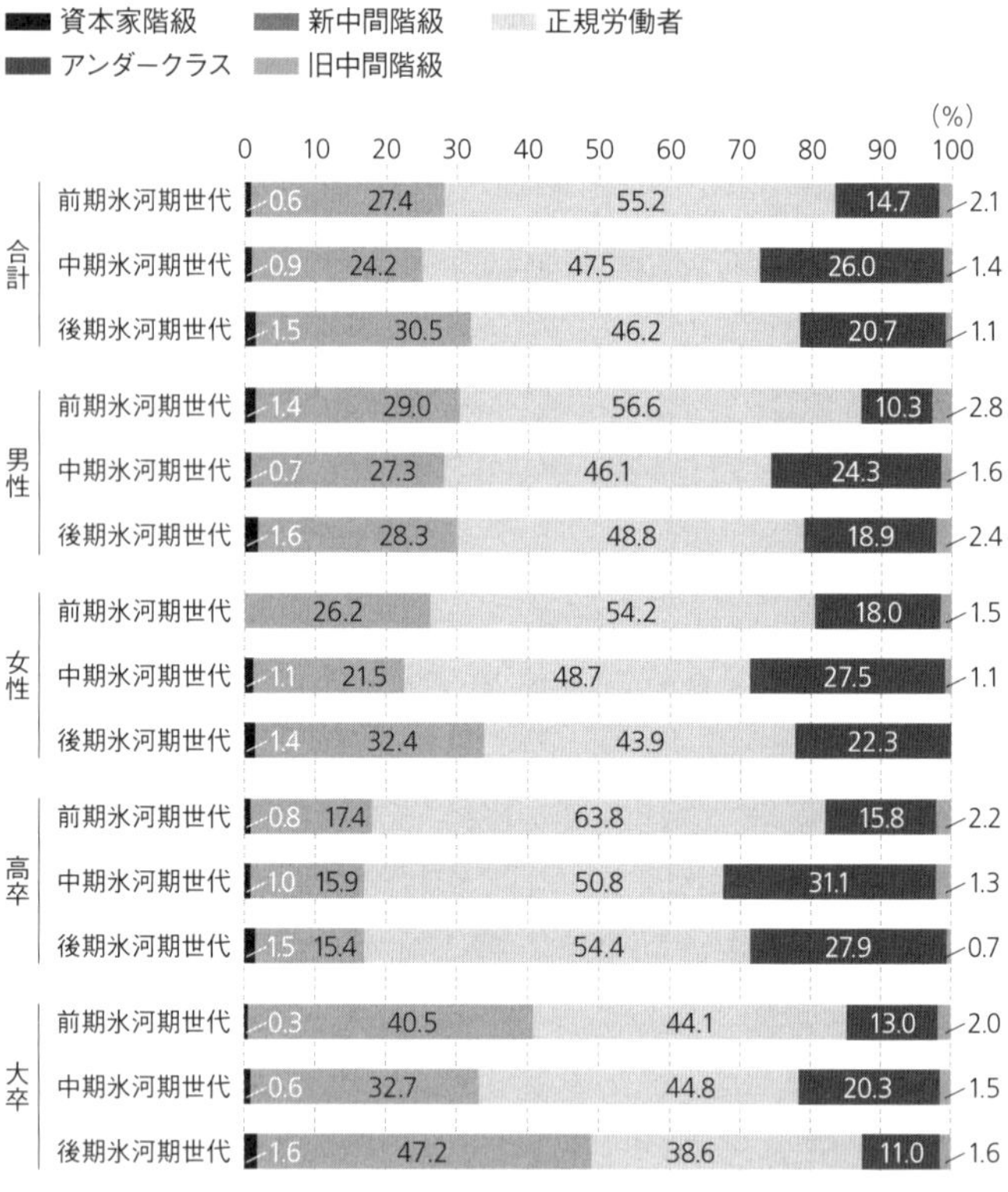

出典：2015年SSM調査データより算出

三二・四％と逆転している。どうやら氷河期は、男性より女性で早く到来したが、深刻化する過程で男女差は縮小していったようである。

学歴による違いも、かなり大きい。大卒者の場合、中期氷河期世代で二〇・三％だったアンダークラス比率が、後期氷河期世代では一一・〇％と顕著に低下しているが、高卒者では三一・一％から二七・九％と、わずかしか低下していない。就職氷河期が終息に向かう過程で学歴による違いを強め、高卒者がますます不利になったことがわかる。

次章では、この「三つの氷河期世代」の違いに注目しながら、「氷河期以後」の世代の動向もまじえながら、さらに詳しくみていくことにしよう。

第2章

三つの氷河期世代と幻の第三次ベビーブーム

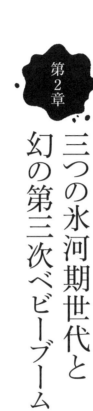

1．氷河期世代と前後の世代

六つの世代の区別

第1章ではポスト戦後世代と氷河期世代を比較したが、今度は氷河期世代を三つに分けるとともに、世代の範囲をさらに広くとることにしよう。

ポスト戦後世代より年上の世代を、「戦後世代」と呼ぶことにする。ここに含まれるのは、一九八〇年までに学校を卒業した世代で、二〇一五年SSM調査データでは、五〇歳代以上の幅広い年齢層を含む。もっとも早く学校を出た人は、一九五一年に中学を卒業している。

氷河期世代のひとつあとの世代を、「ポスト氷河期世代」と呼ぶことにする。範囲は目一杯とることとし、就職氷河期後の二〇〇八年以降に学校を出た（出る予定の在学者も含まれる）世代を、すべてここに含める。

前章で説明した「ポスト戦後世代」「前期氷河期世代」「中期氷河期世代」「後期氷河期世代」を含めて、六つの世代の概要を示したのが、**図表2－1**（108ページ）である。二〇一五年の調査なので、平均年齢などをみる際には注意が必要である。

氷河期より前の世代の年収、資産、未婚率

「戦後世代」は、平均年齢が六七・二歳。大学進学率の上昇が本格化する前の世代だから、高等教育を受けた人の比率は二〇・八％と低い。初職時点でアンダークラスだった人は、六・三％と例外的である。現役で働く人は半数を切っているが、そのなかでもっとも多いのは自営業者などの旧中間階級（二四・二％）で、アンダークラス（九・六％）がこれに次いでいる。正規雇用で働いていた人の多くは定年退職しているが、自営業者には定年がないし、また定年退職した人のなかには、乏しい年金収入を補うために非正規の職に就く人々が多いからである。引退した人が多いため年収は多くないが、資産総額は三〇六七万円と多い。男性、女性とも、ほとんどの人が有配偶、または結婚の経験をもっており、未婚率は非常に低い。

図表2-1　6つの世代のプロフィール

		戦後世代	ポスト戦後世代	前期氷河期世代	中期氷河期世代	後期氷河期世代	ポスト氷河期世代
学校を出た年		1980年以前	1981年から1993年まで	1994年から1998年まで	1999年から2004年まで	2005年から2007年まで	2008年以降
平均年齢（歳）（2015年時点）		67.2	48.4	39.9	34.9	30.3	24.5
高等教育を受けた人の比率（%）		20.8	37.9	43.9	50.1	47.6	63.2
初職時点のアンダークラス比率（%）		6.3	9.2	14.7	26.0	20.7	22.4
階級構成	資本家階級	4.2	5.8	4.8	2.1	3.3	1.9
	新中間階級	5.8	27.5	28.0	25.1	27.9	29.0
	正規労働者	6.0	22.9	26.8	26.3	34.2	36.3
	アンダークラス	9.6	5.7	4.8	8.6	9.3	15.1
	パート主婦	7.5	16.1	13.7	11.3	5.2	2.2
	旧中間階級	14.2	8.7	7.4	6.9	5.2	2.4
	専業主婦	22.9	10.0	12.8	14.8	13.0	7.9
	無職	29.8	3.2	1.6	4.8	1.9	5.2
平均個人年収（万円）		242.5	344.6	322.9	276.5	276.5	191.2
平均個人年収（万円）（有職者）		333.6	396.7	374.4	340.8	324.5	262.2
平均世帯年収（万円）		503.2	732.8	691.2	592.1	591.5	562.1
世帯の資産総額（万円）		3067	2165	1736	1316	1880	1103
男性の未婚率（%）		5.5	20.6	22.4	32.6	46.9	83.4
男性の有配偶率（%）		84.5	73.9	72.4	65.8	52.3	15.9
女性の未婚率（%）		3.1	8.5	11.7	20.3	33.3	72.5
女性の有配偶率（%）		73.2	80.1	81.7	72.8	61.0	25.9

出典：2015年国勢調査より算出

注：階級構成は在学中を除く。世帯の資産総額は、預貯金などの金融資産と不動産の合計

「ポスト戦後世代」は、平均年齢が四八・四歳。高等教育を受けた人の比率は三七・九％で、ひとつ前の戦後世代を大きく上回っている。初職時点でアンダークラスだった人は九・二％と一割以下である。現在の所属階級では、新中間階級（二七・五％）がもっとも多く、次いで正規労働者（二二・九％）、パート主婦（一六・一％）となっている。個人年収（三四四・六万円、有職者三九六・七万円）と世帯年収（七三二・八万円）は、いずれも六つの世代でもっとも多い。中卒者以外は四〇歳代以上に達しているはずだが、男性の未婚率は二〇・六％で、戦後世代を大幅に上回っている。

氷河期世代とポスト氷河期世代の年収、資産、未婚率

「前期氷河期世代」は、平均年齢が三九・九歳で、最年長者は四六歳である。所属階級では、新中間階級（二八・〇％）がもっとも多く、次いで正規労働者（二六・八％）が多い。初職時点でのアンダークラス比率は一四・七％と高いが、脱出がかなり進んで、現職では四・八％にまで下がっている。個人年収（三二二・九万円、有職者三七四・四万円）と世帯年収（六九一・二万円）は、いずれも二番目に多い。資産総額は一七三六万円である。未婚率はポスト戦後世代より上昇しているが、差は男性で二％程度、女性でも三％程度と大きくはな

い。

「中期氷河期世代」は、平均年齢が三四・九歳で、最年長者は四一歳である。第二次ベビーブーム直後に生まれて、大学定員に余裕ができた時期に高校を卒業した人が多いため、大学進学率は五〇・一％と高くなっている。所属階級では、正規労働者（二六・三％）がもっとも多く、次いで新中間階級（二五・一％）が多い。初職時点でのアンダークラス比率が二六・〇％と極端に高かった世代で、脱出がかなり進んだものの、依然として八・六％までがアンダークラスである。特徴的なのは収入が多くないことで、個人年収（二七六・五万円）と世帯年収（五九二・二万円）は、ひとつ下の世代である後期氷河期世代とほとんど変わらず、有職者の個人年収（三四〇・八万円）も大差がない。さらに注目すべきなのは、世帯の資産総額が一三一六万円で、後期氷河期世代（一八八〇万円）を大幅に下回っていることである。これは世帯全体の資産総額なので、親の資産も少ないということだが、その理由はよくわからない。親と同居していない人だけで集計すると、中期氷河期世代が一二五三万円、後期氷河期世代が一三五八万円と差は縮まるが、差がなくなってしまうわけではない。未婚率は男性で三二・六％、女性で二〇・三％と前期氷河期世代をかなり上回っているが、これが年齢の違いだけで説明できるのかどうかについては、あとで検討しよう。

「後期氷河期世代」は、平均年齢が三〇・三歳で、最年長者は三五歳である。所属階級では、正規労働者（三四・二％）がもっとも多く、次いで新中間階級（二七・九％）が多い。初職時点でのアンダークラス比率は二〇・七％だったが、調査時点でも九・三％と半分を少し下回った程度である。ただし中期氷河期世代の八・六％と大差があるわけではない。未婚率は男性が四六・九％、女性が三三・三％である。

「ポスト氷河期世代」は、平均年齢が二四・五歳で、最年長者は三二歳である。在学中の学生が一九・〇％いるが、これを除いた階級構成では、正規労働者（三六・三％）がもっとも多く、次いで新中間階級（二九・〇％）が多い。初職時点でのアンダークラス比率は二二・四％で、中期氷河期世代に次いで高く、ポスト氷河期の若者たちが決して雇用に恵まれていたわけではないということがわかる。学校を出てからの年数が短く、まだ脱出するに至っていない人が多いため、現時点でのアンダークラス比率も一五・一％と高い。若いだけに収入や資産は少ない。男性で八割以上、女性でも七割以上が未婚である。

2. 狂わされたキャリアと氷河期アンダークラス

困難が集中する中期氷河期世代

氷河期世代の若者たちは、そのかなりの部分が初職時点でアンダークラスとなった。のちにはその一部が、新中間階級や正規労働者への脱出に成功するのだが、どれくらいの若者が、どの時点で脱出したのか。実は氷河期の三つの世代の間には、この点で重要な違いがある。

図表2－2は、一八歳から三〇歳までのアンダークラス比率の推移を、世代別にみたものである。パート主婦と専業主婦は集計から除外し、無職者はアンダークラスに含めた。

戦後世代のアンダークラス比率は低く、二一歳前後でわずかに上昇するが、すぐに低下して、三〇歳時点では五・六％にとどまる。フリーター第一世代を一部に含むポスト戦後

図表2-2　6つの世代の30歳までのアンダークラス比率
（専業主婦以外の無職を含む・男女）

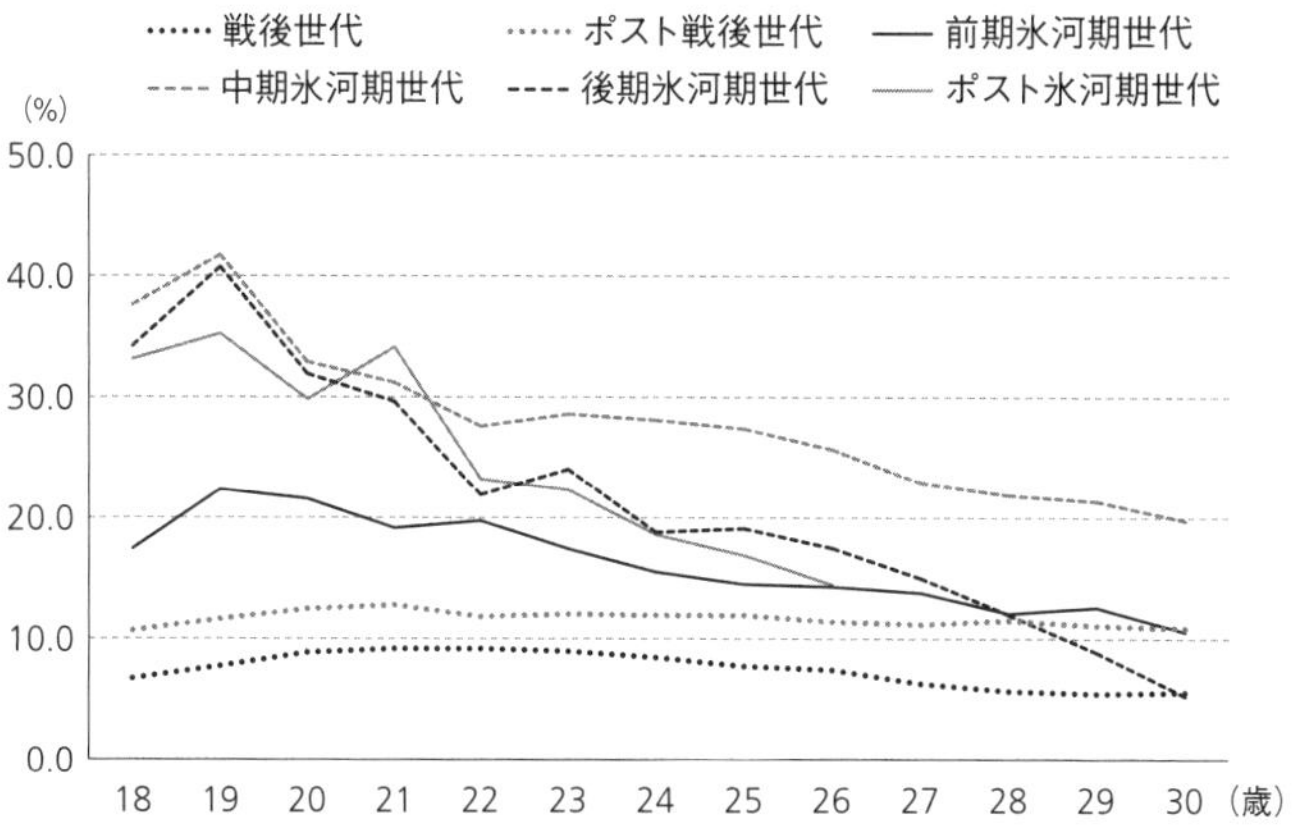

出典：2015年SSM調査データより算出　注：母数にはパート主婦と専業主婦を含まない

世代になると、やや上昇して一八歳で一〇%を超え、二〇歳代初めには一二%に達するが、その後はやや低下して三〇歳時点では一〇・九%である。

さて、三つの氷河期世代はどうか。前期氷河期世代は、意外にアンダークラス比率が高くない。一八歳時点では一七・四%にとどまり、その後やや上昇するが、ピークの一九歳時点でも二二・三%で、以後は緩やかに低下して三〇歳時点では一〇・六%と、ポスト戦後世代とほぼ同じになる。

中期氷河期世代以降になると、最初の段階でのアンダークラス比率が跳ね上がる。一八歳時点では中期氷河期世代が三七・六%、後期氷河期世代が三四・二%、一九歳時点ではさらに上昇して、それぞれ四一・七%、四〇・七%に達する。

しかしこの二つの氷河期世代のその後の動きは、かなり異なる。後期氷河期世代では、初め高かったアンダークラス比率が急速に低下する。二四歳で二〇%、二九歳では一〇%を切り、三〇歳時点では戦後世代とほぼ同じ五・三%にまで低下してしまうのである。これに対して中期氷河期世代のアンダークラス比率は、緩やかに低下はするものの高水準にとどまり、二六歳までは二〇%台の後半をキープ、三〇歳時点でも一九・八%までがアンダークラスである。

ポスト氷河期世代の動きは、平均年齢が二四歳台という若い世代だけに、サンプル数の関係で二六歳時点までしか正確なところがわからないが、後期氷河期世代と同様にアンダークラス比率が急速に低下する傾向を示している。

図表2-3は、同じことを男女別にみたものである。

男性の動きは、男女計の場合よりアンダークラス比率がやや低くなっているが、動きそのものは似ている。前期氷河期世代では全体に比率が低く、後期氷河期世代とポスト氷河期世代では、初めは高いものの急速に低下していく。これに対して中期氷河期世代のアンダークラス比率は、緩やかに低下しながらも高い水準にとどまるのである。

図表2-3　6つの世代の30歳までのアンダークラス比率

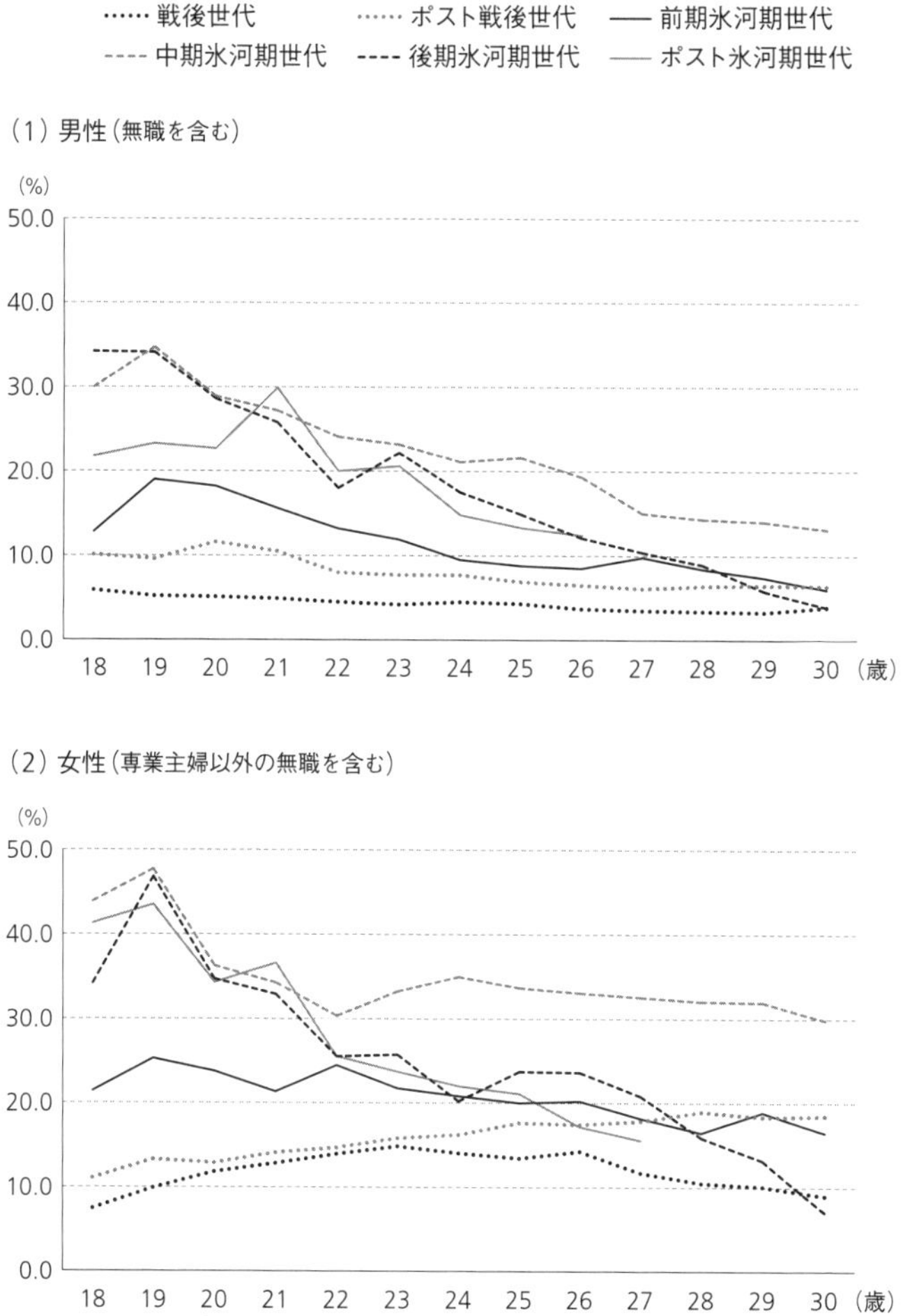

出典：2015年SSM調査データより算出　注：母数にはパート主婦と専業主婦を含まない

女性の動きは、やや印象が異なる。全体に男性に比べてアンダークラス比率が高いのだが、前期氷河期世代と後期氷河期世代、ポスト氷河期世代の動きそのものは、男性とほぼ同じで、最初高かったアンダークラス比率が、順調に低下を続けている。ところが中期氷河期世代のアンダークラス比率は、二二歳までは低下するものの、以後はほとんど低下せず三〇%台にとどまり続けている（三〇歳時点は二九・九%）。結婚によりアンダークラスから脱出した女性たちは別として、中期氷河期世代の女性たちが受けたインパクトが、非常に大きかったことがわかる。ちなみに、最初は一〇%を少し上回る程度だったポスト戦後世代のアンダークラス比率が、次第に上昇して一八%程度に達するのは、一部の既婚女性たちが、配偶者との離死別によってアンダークラスに流入したからである。

中期氷河期を境に職が不安定に

以上からわかったことは、次のようにまとめられよう。

氷河期世代といっても、前期氷河期世代は極端に深刻な状況にあったわけではなく、正規雇用で就職した若者たちの比率はそれなりに高く、中期氷河期以降の世代とは一線を画しているといってよい。たしかに就職氷河期という言葉が使われ始めたあとになって学校を出た世代であるはずなのだが、氷河期という名に値するかどうか、微妙なところである。おそらく、この言葉が使われるようになった当時は、バブル経済の時代における大企業の大量採用が急速に縮小したことから、いまからみれば微温的な状態が「氷河期」と受け取られたのだろう。ただし、ここにはあとでみるように、学歴による違いも関係している。

そして本格的な氷河期ともいうべき中期氷河期が到来するのだが、どうやらここで不可逆的な変化が生じたようである。つまり、学校を出たばかりの若者たちの二割から三割がアンダークラスになるというのが、当たり前のことになってしまったのである。氷河期以降の若者たちは、決して恵まれているのではない。もっとも二〇一〇年代後半から二〇二〇年までの数年間は、団塊世代の完全引退や、就職氷河期に採用が少なかったことによる人手不足などがあり、新卒者の就職は好調だった。しかし、こうした状態が長続きするとは考えにくい。しかも新型コロナウィルス感染症の流行で、世界経済は大きな打撃を受けた。序章でも触れたが、就職氷河期、より正確には中期氷河期を境に、大多数の日本の若者たちが卒業とともに安定した職を得られる時代は、終わりを告げたと考えるべきだろう。

しかし中期氷河期以降の世代のなかでも、とりわけ中期氷河期世代の状況は悲惨である。

おそらくこの世代の若者たちは、学校を出た時期に新規学卒労働市場が最悪の状態にあり、しかもその後、何年にもわたって就職氷河期が続いたため、「第二新卒」としての就職の機会もなく、今日に至ったのだろう。氷河期世代について語られてきたさまざまな問題は、この世代に集中的に表われているといっていい。とりわけ、女性たちは深刻である。アンダークラス比率が、何と三〇％程度で高止まりしているのだから。

以上から考えると、一九七〇年代初めから一九八〇年代半ばに生まれた者、というように年齢層を一五年もの長さで区切って対象とする、政府や自治体などの「氷河期対策」が、いかに的外れかがよくわかる。それは、氷河期世代と同じように困難を抱えたポスト氷河期世代が対象に含まれていないという意味でも、またもっとも困難を抱えた中期氷河期世代に焦点が当てられていないという意味でも、完全に的外れだといわざるを得ない。

氷河期のしわ寄せは高卒者に顕著

図表２－４（１２０－１２１ページ）は、同じことを学歴別にみたものである。

学歴による違いは、かなり大きい。全体にアンダークラス比率は、高卒者でもっとも高く、大卒者で低く、短大卒者（専門学校卒を含む）は中間的である。中期氷河期世代でみた場合、最初の段階でのアンダークラス比率は、高卒者が三四・二%、短大卒者が二五・三%、大卒者が二〇・四%である。

氷河期の始まり方も、違っていたようだ。高卒者の一八歳時点でのアンダークラス比率は、前期氷河期世代で急上昇はするものの、一七・三%とピーク時の約半分にとどまっている。ところが中期氷河期世代になると比率が跳ね上がり、後期氷河期世代、ポスト氷河期世代とも高い水準を保ち続ける。これに対して大卒者の場合、前期氷河期世代の二二歳時点でのアンダークラス比率は、ポスト戦後世代（五・九%）の二・五倍の一四・九%で、中期氷河期世代にかなり近い水準に達している。このように大卒者では、高卒者に比べて就職氷河期が早い時期に本格化したようである。実際、**図表1－1**（60－61ページ）からも、この時期に大卒のフリーター・無業者が急増し、あっという間に高卒者を追い抜いてしまうようすがみてとれる。これに対して短大卒者は、前期氷河期世代の二〇歳時点のアンダークラス比率は一六・三%と、高卒者と同様にピーク時を大きく下回っている。

その後の推移も異なる。高卒者の一八歳時点でのアンダークラス比率は、後期氷河期世代は中期氷河期世代とほぼ同じ三三・八%で、ポスト氷河期世代でも二九・一%ときわめて高い水準にある。ところが大卒者の場合、後期氷河期世代の二二歳時点のアンダークラス

（3）4年制大学卒

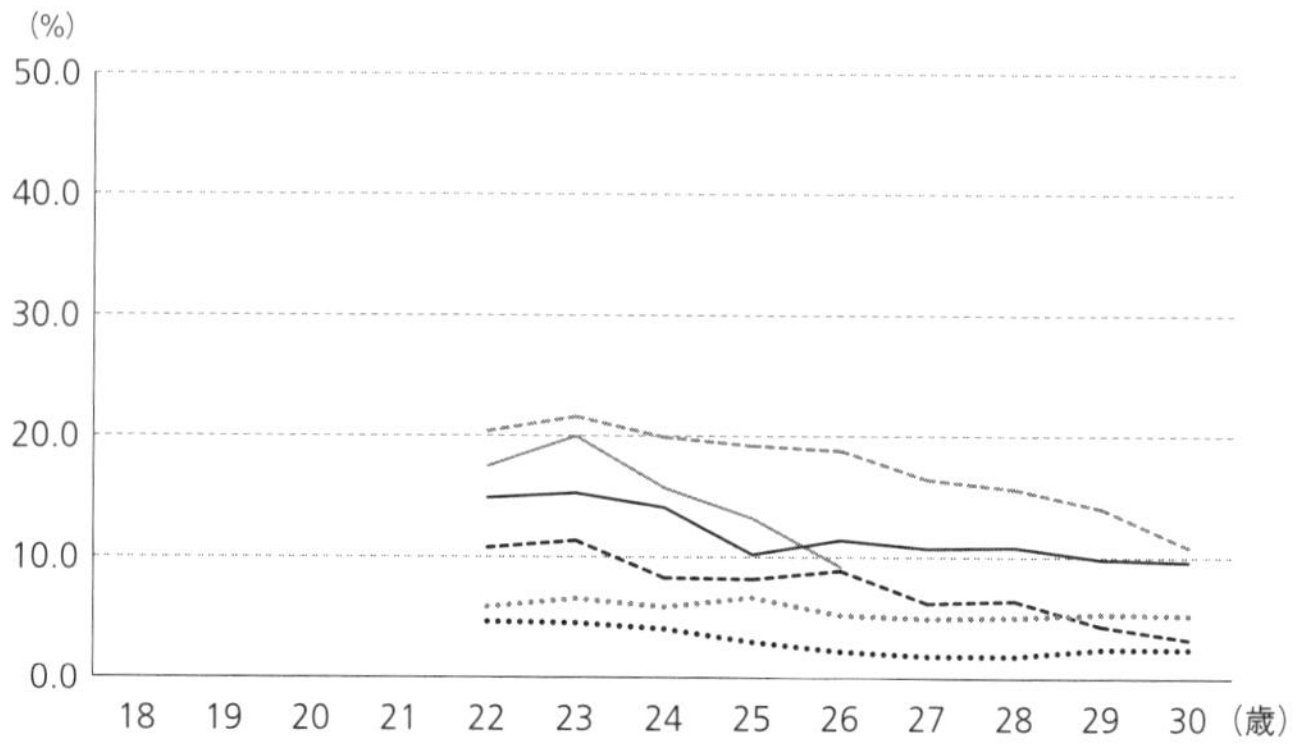

出典：2015年SSM調査データより算出　注：母数にはパート主婦と専業主婦を含まない

比率は一〇・八％で、前期氷河期世代を下回っている。そしてリーマン・ショック後の世代を多く含むポスト氷河期世代では、再び上昇して一七・五％に達するのである。短大卒者は、高卒者に近い動きを示しているといっていいだろう。

年齢による変化も、異なる。高卒者の場合、中期氷河期世代のアンダークラス比率は少しずつ上昇して二五歳時点で四二・七％とピークに達する。その後は低下するが、三〇歳時点でも三二・六％と、きわめて高い水準にとどまっている。後期氷河期世代では、中期氷河期世代に比べればはっきりした低下傾向がみられるが、それでも十分なサンプル数の得られる最後の年齢である二八歳時点で、

図表2-4　学歴別にみた6つの世代の30歳までのアンダークラス比率（専業主婦以外の無職を含む）

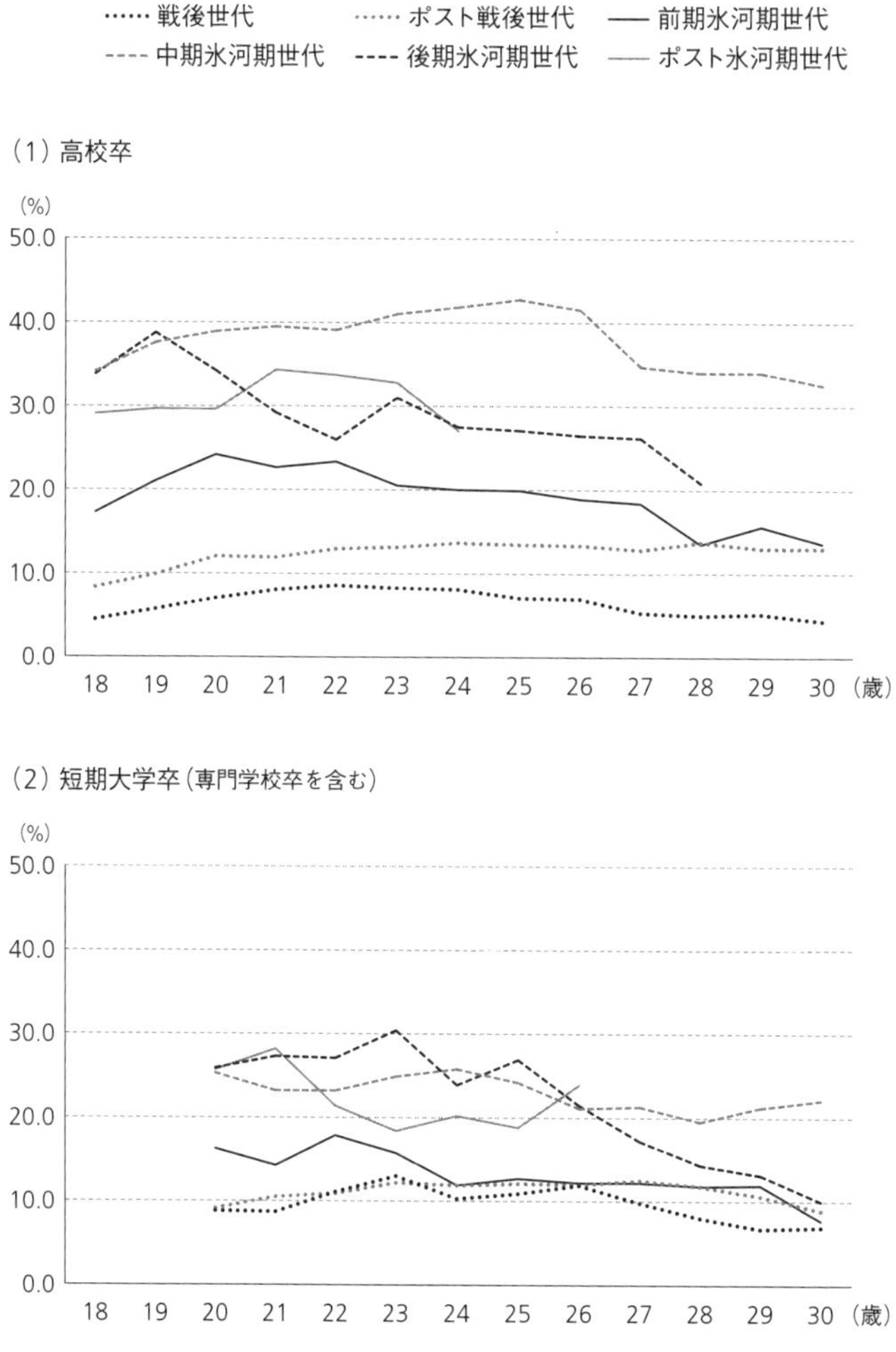

二〇・九％と二割を上回っている。これに対して大卒者では、中期氷河期世代の場合でも年齢とともに比較的順調に低下し、三〇歳時点では一〇・八％と、前期氷河期と同水準になる。さらに後期氷河期世代では、三〇歳時点で三・二％と、戦後世代と同水準となる。短大卒者は、大卒者と同じように後期氷河期世代のアンダークラス比率は順調に下がっていくものの、中期氷河期世代のアンダークラス比率がなかなか下がらない点は、高卒者と共通である。

以上からわかるように、就職氷河期のインパクトをもっとも強く受けたのは、高卒者である。その影響は、前期氷河期ではまだ控えめだったが、中期氷河期で一気に全面化し、その後の回復も限定的である。この間に高卒者が労働市場に占める位置は本質的に変化し、高卒者は正規雇用から排除されるという構造ができあがってしまったようにみえる。

これに対して大卒者では、高卒者に比べて就職氷河期の影響が始まるのが早かった。先にみたように、「就職氷河期」という言葉が使われ始めた時期は、まだ新規学卒者の雇用が全面的に悪化する前だった。しかしマスコミなどは、高卒者の就職よりも大卒者の就職に注目しがちだから、早くからこの言葉が定着したのだろう。またその後、大卒者のアンダークラス比率は、後期氷河期世代では低下し、ポスト氷河期でまた上昇するというように変動を繰り返してきた。このことを捉えてマスコミは、高卒者の就職状況はいっこうに好転していなかったにもかかわらず、二〇〇〇年代後半で就職氷河期が終わったかのように伝えたり、リーマン・ショック後に「第二氷河期」が始まったなどと論じたりしてきたが、これもマスコミの関心が大卒者にばかり向けられていたからだろう。

しかしこうした変化の仕方をみると、大卒者の労働市場は、高卒者の労働市場のように本質的に変化したというよりは、景気がいい時期には一時的とはいえ、かつての状態に近づく余地を、ある程度までは残しているようである。

官庁統計にみる高卒採用の手控え

ＳＳＭ調査は回答者の数が八〇〇〇人弱で、しかも氷河期世代に限ると一六二六人と少ないため、ここでサンプル数の大きい政府の統計によって、事実を確認しておこう。**図表2-5**（124ページ）は二〇一七年に行なわれた就業構造基本調査から、初職時点で非正規雇用者になった人の比率を、卒業した年別・男女別・学歴別にみたものである。ＳＳＭ調査のように職歴を詳しく聞いた調査ではないため、学校を出たあと仕事には就かず、結婚してからパート主婦になったようなケースも含まれており、また職種の区別がないので、

図表2-5　卒業年別・学歴別にみた初職時点の非正規雇用比率

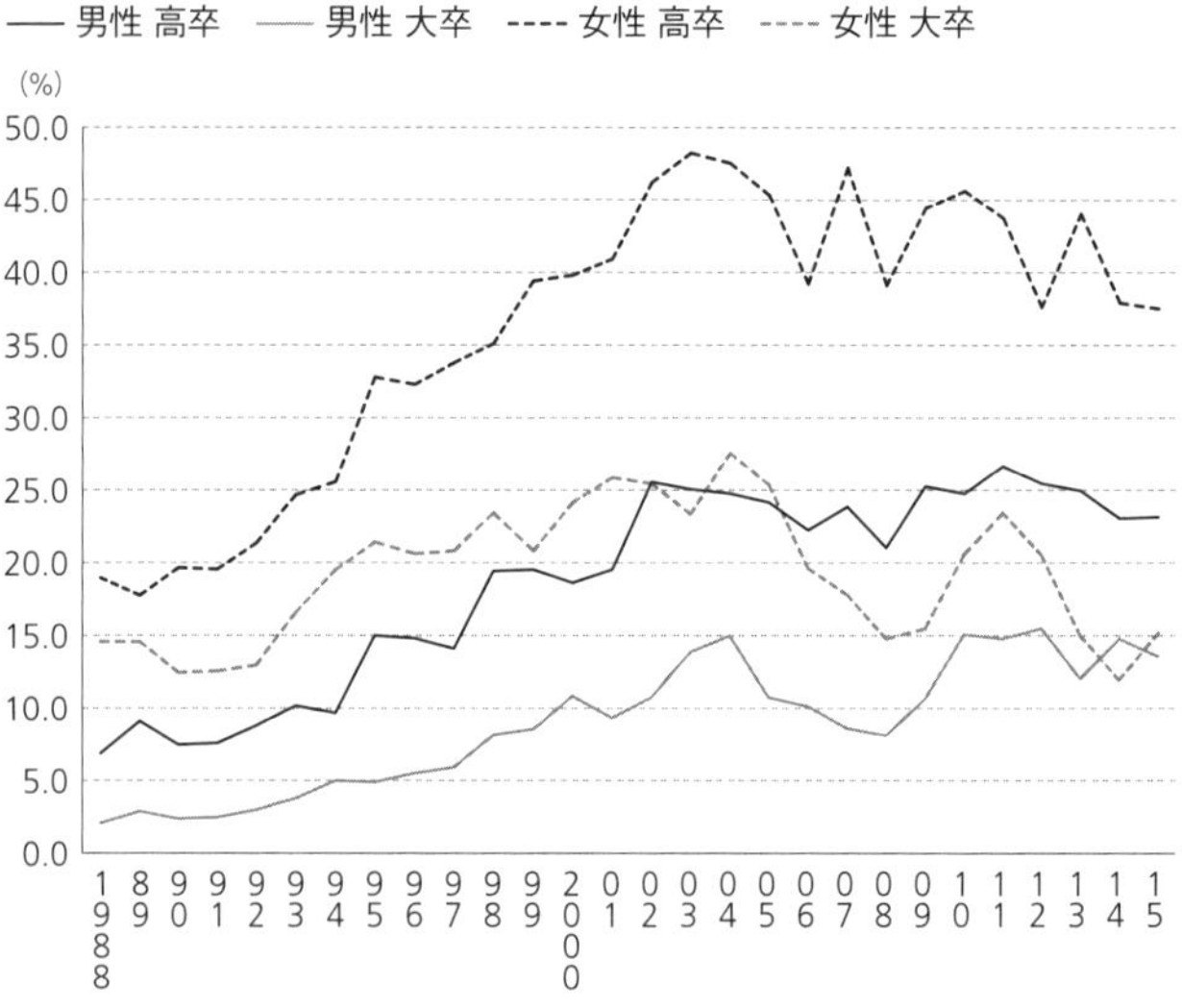

出典：2017年就業構造基本調査より作成

非正規雇用の専門職になったケースも含まれるから、アンダークラスになった人の比率とは少し違うのだが、傾向をみるのには問題ないだろう。調査では二〇一七年に卒業した人まで集計されているが、あまりに卒業した時期と調査時期が近いと、うまく就職できた人だけが集計対象になるからか、非正規雇用の比率が不自然に低くなってしまう。このためグラフには、二〇一五年に卒業した人までを示しておいた。

ひとつだけ異質な動きを示しているのは、大卒女性である。非正規雇用の比率が、中期氷河期（卒業年が一九九九年から二〇〇四年）には二五％前後にまで達したのち一五％程度にまで急落し、リーマン・ショック後の二〇一〇－二〇一一年には跳ね上がるものの、また急落して、二〇一五年には一九九〇年前後のバブル期なみの一五％程度にまで低下するのである。これに対して大卒男性の非正規雇用比率は、バブル期には二－三％ときわめて低かったが、その後急上昇し、中期氷河期とリーマン・ショック後には一五％程度に達し、その後は高止まりしている。どうやらリーマン・ショックからの回復過程で、企業は女性を不利に扱わない方向へと採用方針を転換したため、女性の就職状況が好転し、反対に男性の就職状況は改善されなくなり、不正規雇用比率が下がらなかったようである。

たしかに**図表2－3**（115ページ）をみても、二二歳から二三歳時点でのポスト氷河期世代のアンダークラス比率は、女性では中期氷河期世代より大幅に低くなっているのに、男性では高止まりしているのがわかる。氷河期以降に大卒者の状況が好転したとしても、これはあくまでも男女を平均した場合なのである。しかしこれは、女性たちにとっても喜ばしいこととといえるのか。冷静にみればこれは、女性差別の解消の効果が、就職状況の構造的悪化によって帳消しにされてしまったということだろう。

これに対して高卒者は、女性では最悪の時期に比べてわずかに好転しているようだが、依然として非正規雇用者比率が、女性で三七％程度、男性でも二三％程度と高い水準にあり、バブル期に比べると女性で二倍程度、男性では三倍程度となっている。やはり高卒者が労働市場に占める位置は、構造的に変化したようである。

証拠となる調査結果を、ひとつ示しておこう。二〇〇〇年に日経連と東京経営者協会は、東京都内の企業を対象に、高卒者の採用に関する調査を行なった。その結果、これまでに高卒者を採用したことのある五二三社のうち、四七％にあたる二四五社が、九〇年代に入ってから高卒採用を中止していた。理由でもっとも多かったのは「経営環境の悪化」（四八％）だったが、その他では「専修学校卒・短大卒・大卒の各学卒が当該業務を代替して充当」（四二％）、「業務の高度化」（二〇％）、「該当業務を非正規従業員に移行」（一九％）など、高卒者が採用の対象から外されたことを示す回答が多かった。*1

氷河期世代は「下流意識」が強い

以上みてきたように、中期氷河期世代以降の世代では、新規学卒労働市場の構造が大きく転換し、若者たちは正社員の地位を手にすることが難しくなった。とりわけ高卒者では、この傾向が強く、女性の約四割、男性の約四分の一は、正規雇用の労働市場から閉め出されてしまった。氷河期以降の世代が、氷河期世代に比べて恵まれているというわけではなく、初職時点での非正規雇用者の比率にはほぼ変化がない。わずかに大卒女性では減少傾向がみられるが、これは採用における女性差別が緩和されたという、別の要因によるものである。

とはいえ、氷河期世代とポスト氷河期世代に違いがないわけではない。その違いは、階層帰属意識に顕著に表われる。階層帰属意識とは、自分がどの階層に属しているかについての自己認識のことで、「あなたの生活程度は、次の中のどれにあてはまると思いますか」「日本社会全体を次の五つの層に分けるとしたら、あなたはどれに入ると思いますか」などといった設問のあとに「上」「中」「下」などといった選択肢を設けて答えさせるという

図表2-6　自分は「人並みより下」と考える人の比率（男女別・世代別）

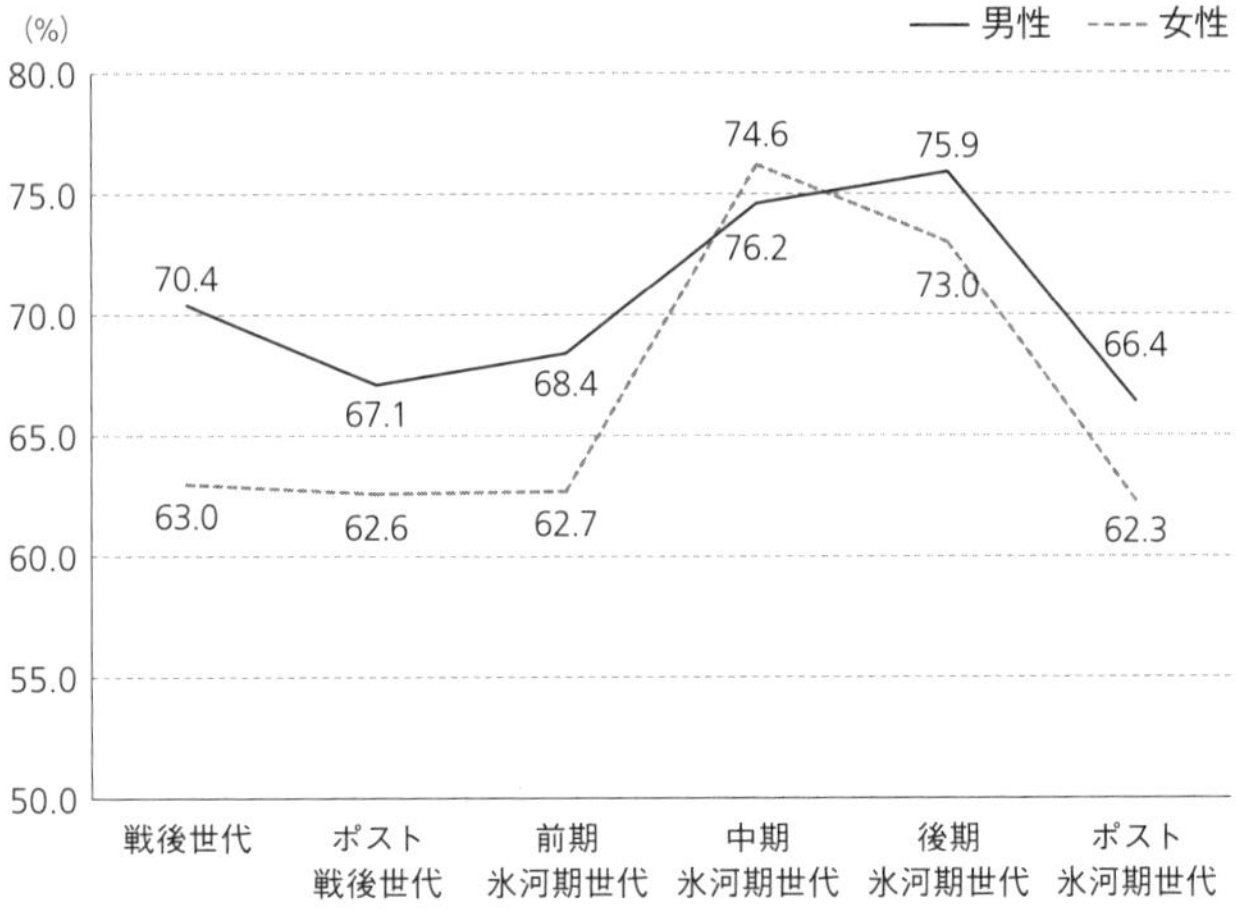

出典：2015年SSM調査データより算出　注：数字は「下の下」「下の上」「中の下」の合計

やり方で、調査されることが多い。ＳＳＭ調査では一九五五年から一貫して「上」「中の上」「中の下」「下の上」「下の下」という五つの選択肢が設けられている。この選択肢では、「人並み」の線が「中の上」と「中の下」の間に引かれていると考えることができるから、「上」「中の上」の比率の合計が自分を「人並みより上」と考える人の比率、「中の下」「下の上」「下の下」の比率の合計が自分を「人並みより下」と考える人の比率とみることができるだろう。

図表２－６は、自分を「人並みより下」と考える人の比率を、世代別にみたものである。結果は、一目瞭然だろう。就職状況が本格的に悪化して以降に社会に出た、中期氷河期世

代と後期氷河期世代で、明らかに自分を「人並みより下」と考える人の比率が高い。つまり中期と後期の氷河期世代は、他の世代に比べて「下流意識」をもちやすい。いまだに就職氷河期は、この世代の人々の自己評価に暗い影を落としているようである。

3. 幻に終わった第三次ベビーブーム

少子化をもたらしたのは就職氷河期か

第三次ベビーブームが起こらなかったという事実は、NHKの報道番組「クローズアップ現代＋」の「アラフォー・クライシス」[*2]などによって、かなり広く知られるようになってきた。

第二次ベビーブーム世代は、一九四六年から始まるベビーブーム世代の子どもたちが中心で、二〇二〇年時点の人口を年齢ごとにみると、一九六八年から一九七六年までに生まれた世代が、それぞれ一八〇万人を超え、とくに一九七一年から一九七四年までは一九〇万人を超えている。当時の出生者数でみると、この四年間はいずれも二〇〇万人を超えていた。これだけの「団塊ジュニア世代」がいるのだから、この世代が出産の時期を迎えれば、第三次ベビーブームが起こり、少子化に一定の歯止めがかかると期待された。

ところが、そうはならなかった。この事実が全面的に明らかになったのは、二〇一〇年に厚生労働省が公表した「人口動態統計特殊報告」によってである。報告によると、一九七一年から一九七四年までに生まれた女性たちが三四歳までに産んだ子どもの数は、一・二五人から一・二八人で、これに続く一九七五―一九七九年生まれの女性たちが二九歳までに産んだ子どもの数も〇・六四人から〇・六五人に過ぎなかった。この結果について厚生労働省は、第三次ベビーブームは「訪れないことがほぼ確定した」「今後社会に劇的な変化がない限りブームの再来は考えにくい」などと説明していた。*3

このことは、**図表1―2**（66―67ページ）をみればよくわかる。第二次ベビーブーム世代の子どもにあたる、本来は第三次ベビーブーム世代にあたっていたはずなのは、一九九〇年から二〇〇〇年ごろに生まれた世代だろう。この世代は、たしかに先行する世代より人数が多いが、ごくわずかな違いしかなく、少子化が進行する右下がりカーブの途中に短い踊り場が現れたという程度に過ぎない。子どもの数が増えたというよりも、子どもの数の減少が一時的に止まったというほうが正確である。

第三次ベビーブームが起こらなかった原因として、しばしば取り上げられるのが、就職氷河期である。つまり第二次ベビーブーム世代は、氷河期世代とかなりの程度に重なっており、この世代が安定した職に就くことができず、結婚できなかった、あるいは結婚しても経済的に苦しいため子どもを作ることを断念した、というのである。

ただし先に述べたように、氷河期世代と重なるのは、第二次ベビーブーム世代のうち後半部分だけであり、もっとも人数が多かった一九七一年から一九七四年に生まれた世代のうち氷河期世代と呼べるのは一部だけで、しかもこの部分は氷河期世代といっても前期氷河期世代だから、まだ就職状況が最悪というわけではなかった。結論するためには、少し詳しくみておく必要があるだろう。

氷河期世代の未婚率と子どもの数

図表2－7は、氷河期世代を中心とした六つの世代の未婚率を一八歳から四〇歳まで一年ごとにみたものである。未婚率は戦後世代からポスト戦後世代にかけて跳ね上がり、前期氷河期世代でさらに少し上がる。しかし三つの氷河期世代の間にはほとんど違いがない。ポスト氷河期世代はまだ若く、二七歳以上になると回答者の数も少ないので結論するのは早いが、氷河期世代に比べてさらに未婚率が上昇しているようである。

図表2-7 6つの世代の40歳までの未婚率(男女計)

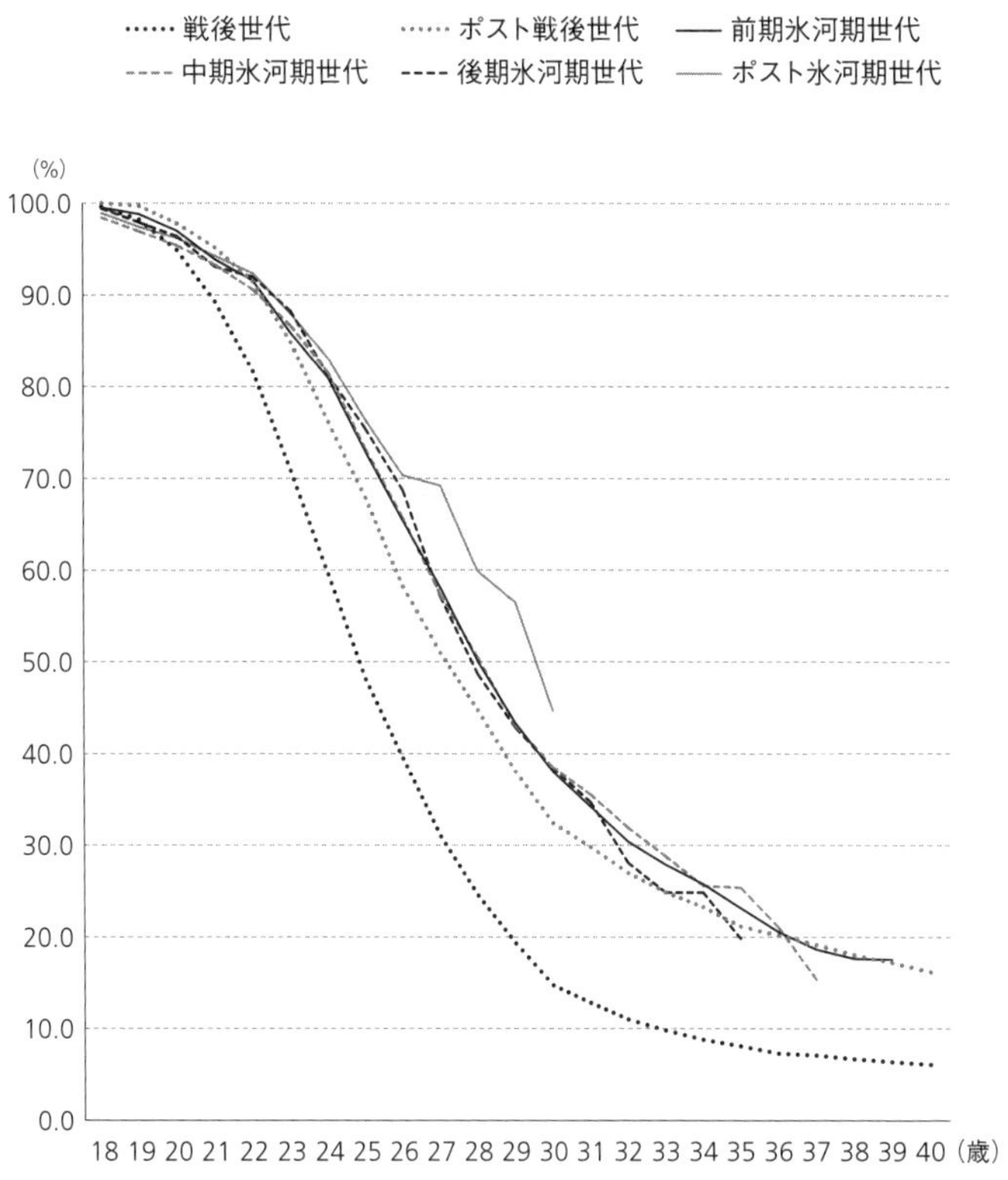

出典:2015年SSM調査データより算出

図表2-8　6つの世代の40歳までの子どもの数

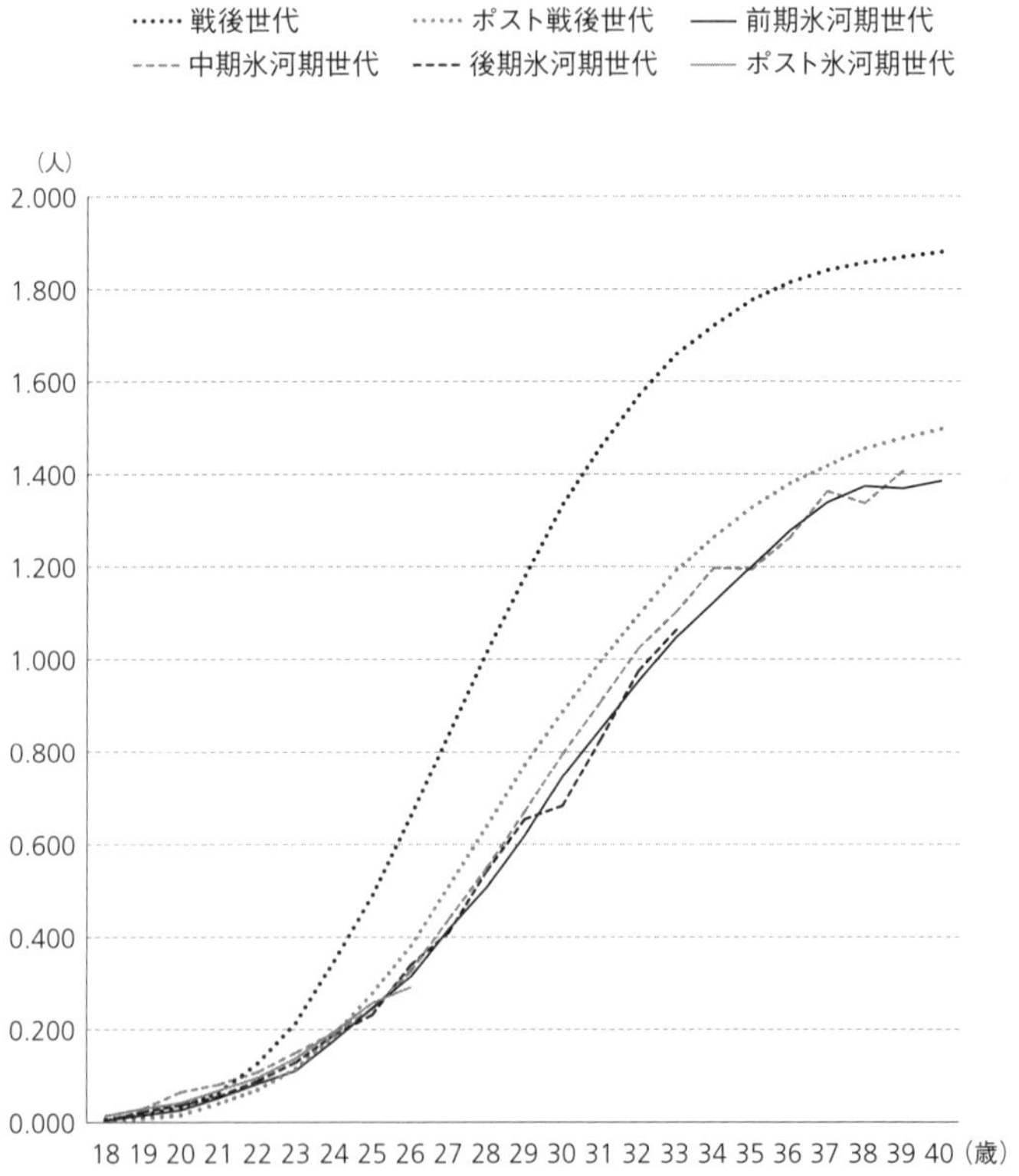

出典：2015年SSM調査データより算出

図表2－8は、氷河期世代を中心とした六つの世代の子どもの数（実子のみ）を、一八歳から四〇歳まで一年ごとにみたものである。未婚率の傾向とよく対応していて、子どもの数は戦後世代からポスト戦後世代にかけて大幅に減少したあと、前期氷河期世代でさらに少し減少する。しかし三つの氷河期世代の間の差は小さい。雇用状態が最悪だった中期氷河期でわずかに子どもの数が多いようにもみられるが、誤差範囲だろう。氷河期世代とポスト氷河期世代の差もほとんどない。

就職氷河期が第三次ベビーブームが起こらなかった原因だというのなら、もっとも就職が難しかった中期氷河期世代で、未婚率が上昇し、子どもの数が減少しているはずだろう。しかし、そのような傾向は認められないのである。

第二次ベビーブーム世代の未婚率が高い理由

そこで、見方を変えてみよう。これまでは、安定した職への就職の難しさは、いつ就職活動の時期を迎えたかによって決まると考えて、生まれた年によってではなく、卒業時期によって世代を分類してきた。しかし、卒業する時期が学歴によって明らかに異なり、浪人や留年を別とすれば、大卒と高卒ではぴったり四年ずれるのに対して、結婚する時期が四年ずれるというわけではない。実際、氷河期世代の初婚時の平均年齢を学歴別にみると、高卒者が二五・九歳であるのに対して、大卒者は二八・八歳で、差は二・九歳だった。それ以前に、第二次ベビーブーム世代に入るか否かは生まれた年によって決まるのであって、学歴は関係ない。

そこで学歴とはかかわりなく生まれた年だけで世代を区別することにしよう。

まず「第二次ベビーブーム世代」を、もっとも子どもの数が多かった一九七一年から一九七四年に生まれた世代とする（長いので、図表ではBBⅡ世代と略記する）。

第二次ベビーブーム世代の次は、第二次ベビーブーム世代ではないものの、就職氷河期世代に含まれる世代で、一九七五年から一九八六年に生まれた世代としよう。これを「非BBⅡ氷河期世代」と呼ぶことにする。これ以後の世代が、「ポスト氷河期世代」である。

第二次ベビーブーム世代以前の世代は、二つに区別しよう。一九五九年までに生まれた「戦後世代」と、一九六〇年から一九七〇年までに生まれた「プリBBⅡ世代」である。

これら五つの世代の、一八歳から三〇歳までのアンダークラス比率をみたのが、**図表2－9**である。アンダークラス比率は、戦後世代、プリBBⅡ世代、第二次ベビーブーム世代と上昇していくが、第二次ベビーブーム世代でも一五％を超えることはない。一気に

**図表2-9　第2次ベビーブーム世代を中心とした
5つの世代のアンダークラス比率**

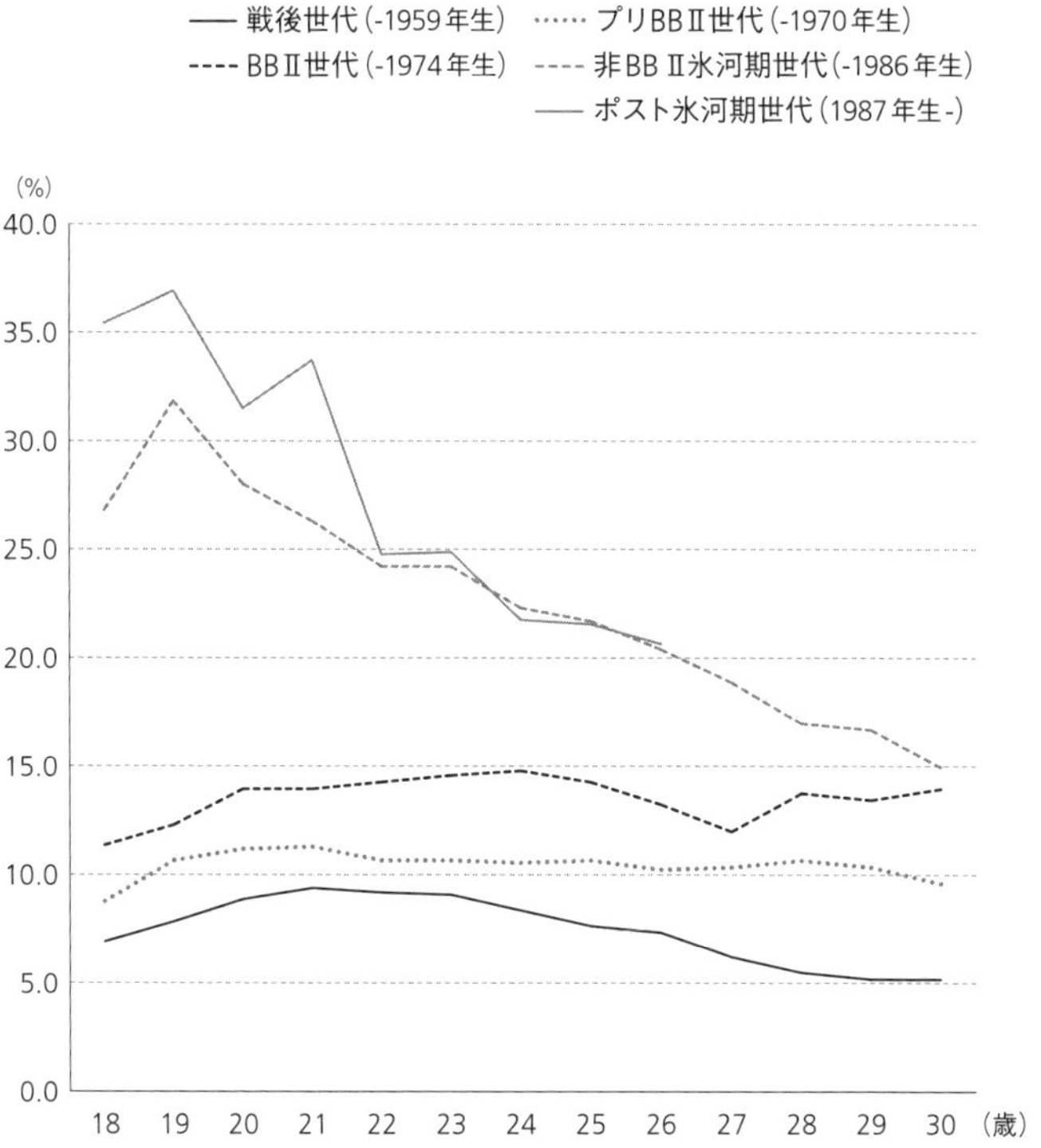

出典：2015年SSM調査データより算出

上昇するのは非BBⅡ氷河期世代である。ポスト氷河期世代は、二一歳までは非BBⅡ氷河期世代より高く、二二歳以降はほぼ同水準である。これをみると、若者たちの雇用が、第二次ベビーブーム世代の登場とともに悪化したとはいえない。

それでは、未婚率と子どもの数はどうだろう。図表2－10は未婚率の推移である。未婚率は、たしかにプリBBⅡ世代から第二次ベビーブーム世代の間で上昇している。しかし非BBⅡ氷河期世代は、わずかながら第二次ベビーブーム世代より未婚率が低く、しかも三〇歳を過ぎると、第二次ベビーブーム世代の未婚率の低下が緩やかになるため、差が広がっていく。どうやら第二次ベビーブーム世代の未婚率は、その後の世代に比べて高いようだ。

図表2－11（140ページ）は、子どもの数の推移である。未婚率以上に、第二次ベビーブーム世代の特徴がはっきり表われている。子どもの数は、プリBBⅡ世代と第二次ベビーブーム世代の間で大幅に減少するが、非BBⅡ氷河期世代になると、明らかに増加するのである。どうやら第二次ベビーブーム世代で子どもの数が少ないのは、就職氷河期が原因だというよりは、第二次ベビーブームという人口学的要因そのものによるようである。

このことを確かめるため、二〇一五年の国勢調査から年齢別の未婚率を計算し、これを

図表2-10　第2次ベビーブーム世代を中心とした5つの世代の未婚率

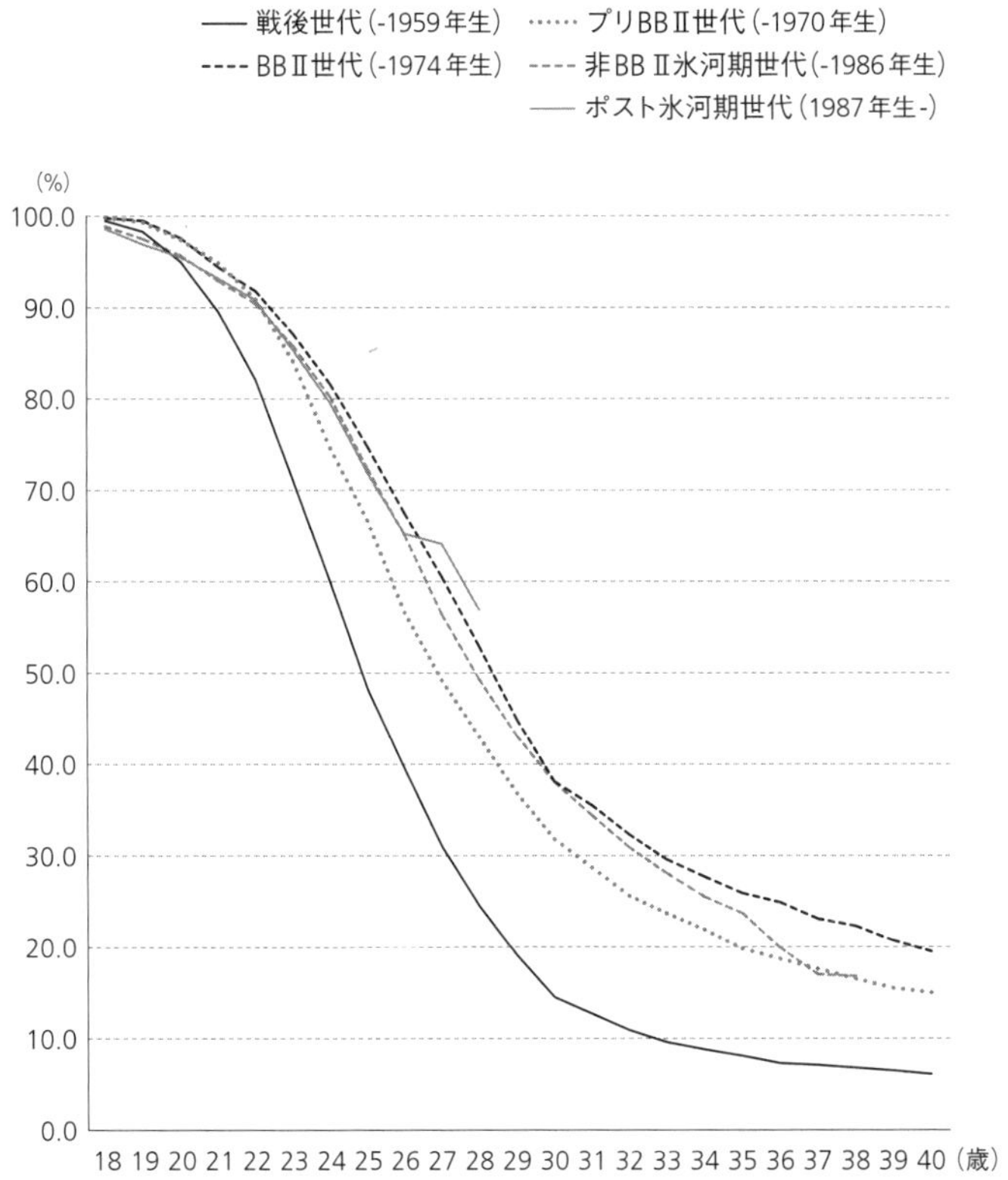

出典：2015年SSM調査データより算出

図表2-11　第2次ベビーブーム世代を中心とした5つの世代の子どもの数

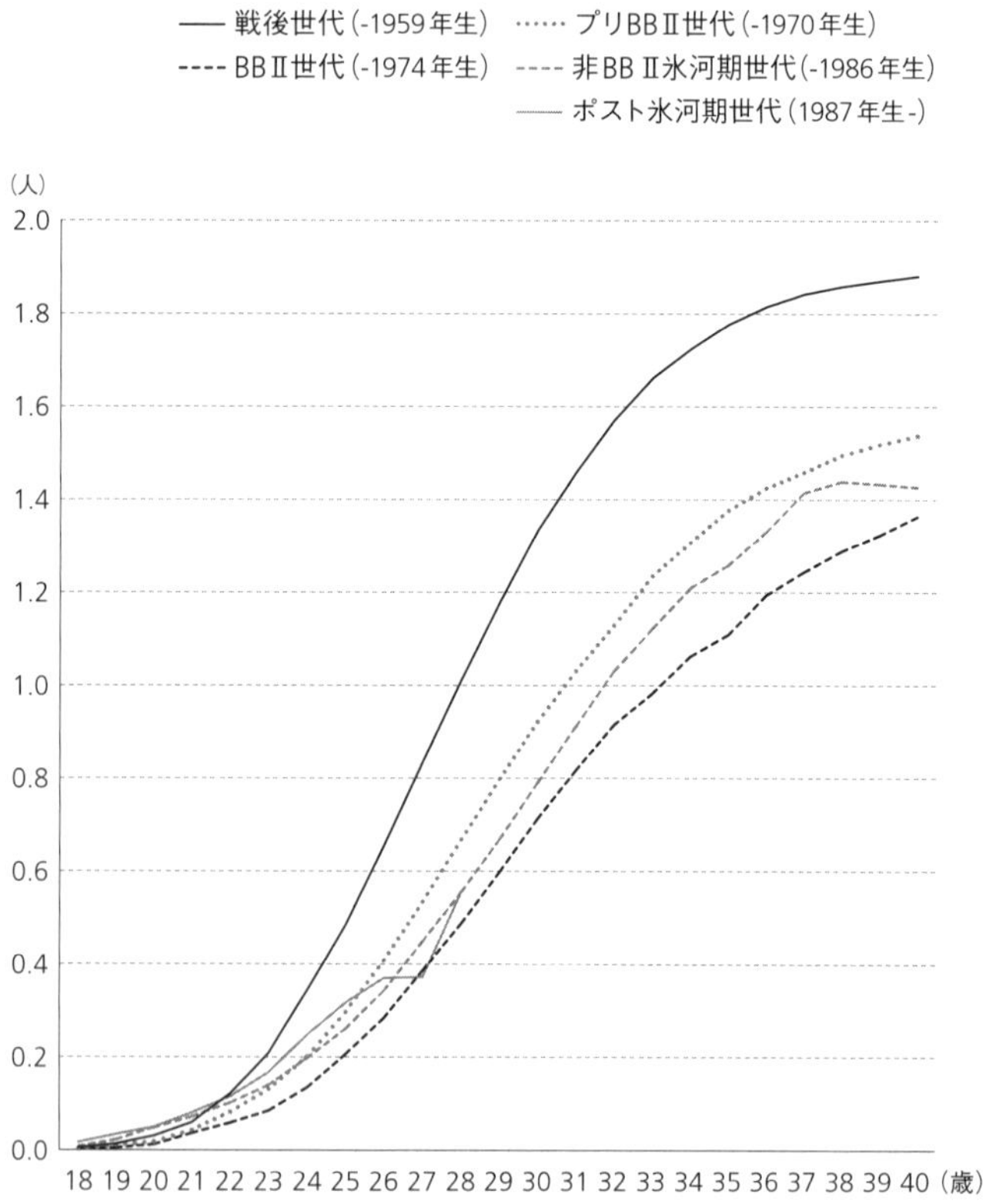

出典：2015年SSM調査データより算出

出生年別・男女別にグラフにしたのが、**図表2－12**（142ページ）である。国勢調査は一〇月一日付で行なわれるので、一〇月から一二月に生まれた人の場合は一年ずれることになるが、たいした影響はないだろう。右下がりのなめらかなカーブが未婚率、一九八〇年代後半（つまり二〇一五年時点で二〇歳代後半）あたりにピークのあるグラフが、一歳年下との未婚率の差、つまり一年多く生きたことによる未婚率の低下幅を示したものである。グラフを未婚率の低下幅は、基本的には鋭いピークを持つ単峰型のグラフとなっている。グラフを左から右へとみていくと、女性で先に上昇が始まり、男性が遅れて上昇し始めるので、若い世代では女性のほうが大きく、グラフが下降を始めた年長世代では男性のほうが大きい値をとる。そして上の世代へ行くにしたがって、値は小さくなっていく。ところが、なぜか一九六二年生まれから一九七六年生まれあたりまで、複雑な上下動をみせている。そして第二次ベビーブーム世代にあたる一九七一年生まれから一九七四年生まれで、前後の世代より明らかに値が小さくなっている。第二次ベビーブーム世代は前後の世代に比べて、未婚率の低下幅が小さいのである。これに対応して未婚率のグラフも、このあたりで傾きが小さくなっている。そして第二次ベビーブーム世代の一－四歳年上の一九六七－一九七〇年生まれの男性では、低下幅が大きくなっている。

図表2-12　1955年生まれから2000年生まれまでの 2015年時点での未婚率と1歳年下との差

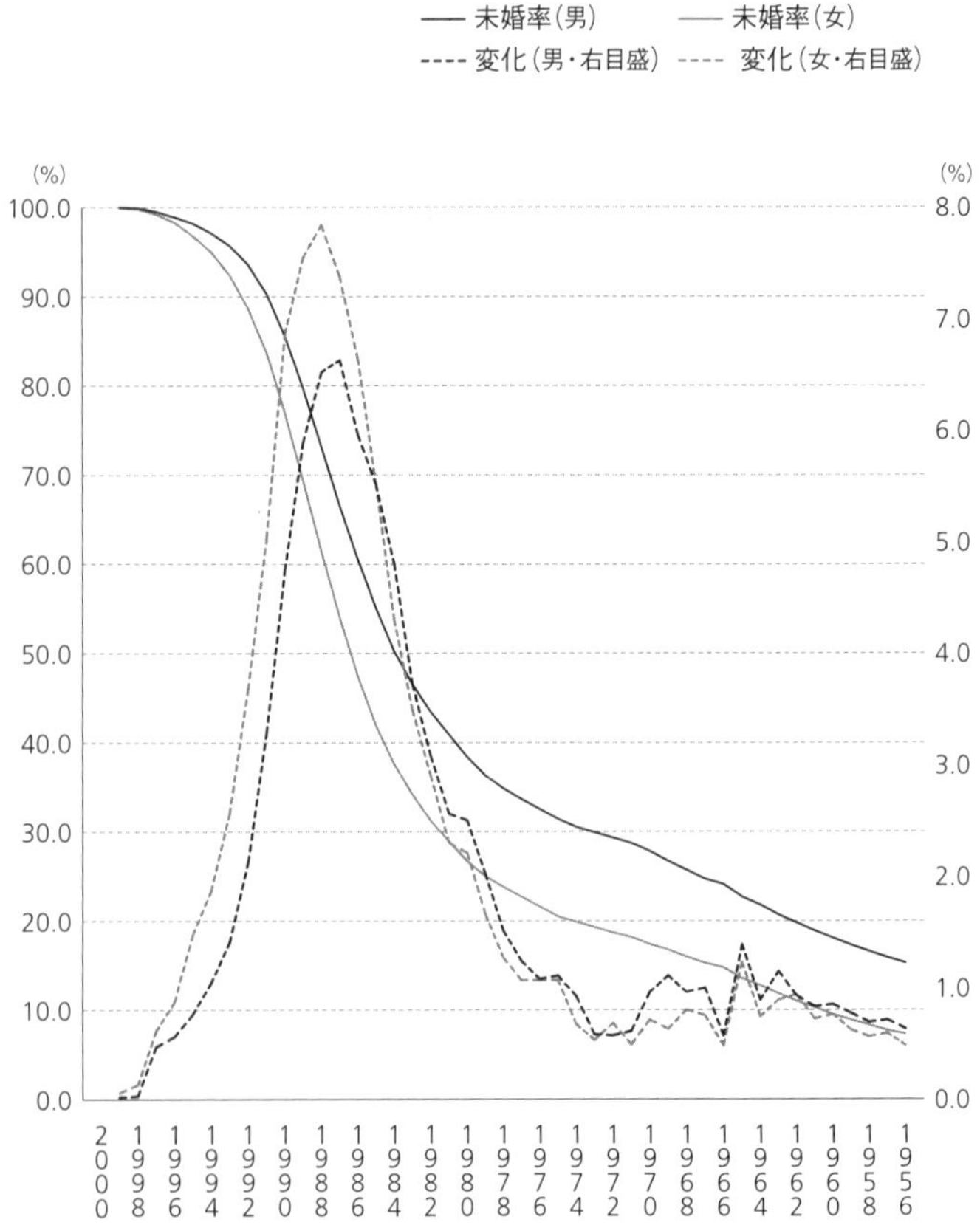

出典：2015年国勢調査

これは、次のように解釈できる。第二次ベビーブーム世代は、前後の世代より人数が多かった。ここで人々が、夫が妻より一歳から数歳年上になるような結婚が望ましいと考えていたとすれば、第二次ベビーブーム世代は前後の世代に比べて、年齢の上で望ましい相手を見つけにくいことになる。だから未婚率が前後の世代に比べて下がりにくかったのである。これに対して少し年上世代の男性は、一歳から数歳年下の女性を見つけやすかったため、未婚率の低下幅が大きかった。女性のほうはあまりはっきりしないが、よくみると第二次ベビーブーム世代の少し年下にあたる一九七五－一九七六年生まれでは、前後の世代と違って未婚率の低下幅が男性と同じくらいになっている。結婚しやすかったのである。ここからも、第二次ベビーブーム世代の相対的な未婚率の高さ、子ども数の少なさが、人口学的要因によるものであることが示唆される。

ちなみに不思議なのは、丙午にあたる一九六六年生まれである。この年は出生数が少なかったから、前後の世代のほうが人数が多く、結婚しやすかったのではないかと思われるのに、未婚率の低下幅が明らかに小さいのである。仮にこの年に生まれた女性が、迷信に基づいて結婚相手として忌避《きひ》されたのだとすれば、女性の未婚率の低下幅だけが小さくなるはずなのに、男女とも小さくなっている。この事実は、以前から指摘されているが、理由ははっきりしない。*4

4. 労働市場の変質と氷河期世代

「アラフォー・クライシス」にみる多様性

これまでにわかったことを、まとめてみよう。第二次ベビーブーム世代が就職の時期を迎えたのは、バブル経済の末期からバブル崩壊直後にかけてである。企業の採用数は多くなっており、またバブル崩壊後も一九九三年あたりまでは、採用数が大きく減ることはなかった。このため彼ら・彼女らは比較的スムーズに、職業への移行を果たすことができたのである。大卒者の場合は、前期氷河期世代と一部重なるが、それでも就職状況は比較的良好だった。

問題は、次の世代である。前期氷河期世代では、まだ就職状況が決定的に悪化していたわけではないが、大卒者では高卒者等に先駆けて採用の抑制が始まり、就職が困難になっていった。そして中期氷河期世代に入ると、一気に就職状況が悪化する。この世代は、第二次ベビーブーム世代に比べると人数が減っていたとはいえ、依然として同世代人口が一五〇万人前後と多かった。にもかかわらず採用数が大幅に減ったことから、衝撃をもろに受けたのである。

後期氷河期世代になると、採用がやや持ち直した上に、同世代の人数がかなり減少していたことから、就職状況は好転した。ただし、こういえるのはほぼ大卒者に限ったことである。すでに新規学卒労働市場は、高卒者を正規労働者としては雇用しない方向へと変質しており、就職状況が大きく改善することはなかった。こうして高卒者では、三割前後が非正規雇用のアンダークラスとして社会に出るという構造が確立したのである。

大卒者の雇用は、リーマン・ショック後の二〇一〇年代後半には、かなり持ち直した。しかし、大多数の大卒者が正規雇用者として社会に出るという、以前の状態に戻ったとは考えにくい。おそらく大卒労働市場は、高卒労働市場のように非正規雇用が主要な要素として固定化するというほどではないとしても、景気感応的に非正規雇用が拡大と縮小を繰り返すという動きを続けてきたものと思われる。

これら第二次ベビーブーム世代から氷河期世代の若者たち（現在は「元・若者たち」）は、

前後の世代より人数が多いことと、社会に出る時期がバブル崩壊、そしてこれに続く経済の混乱期と重なっていたということから、さまざまな不利益を被った世代として、ひとまとまりで論じられることが多い。二〇〇〇年代末には「ロスト・ジェネレーション」として注目され、最近ではこの世代が四〇歳前後となっていることから、その困難な現状が「アラフォー・クライシス」と呼ばれて注目されている。しかし、その内部には、ひとまとまりに論じることのできない多様性がある。

とくに第二次ベビーブーム世代は、その多くがバブル経済末期、あるいはバブル崩壊のあととはいえ、不良債権問題によって日本経済が大混乱に陥る前に社会に出たことから、就職状況は悪くなかった。反面、おそらくはその人数のあまりの多さから、結婚の機会に、ひいては子どもをもつ機会に恵まれなかった。その意味で、氷河期世代とはかなり異質である。第二次ベビーブーム世代でも、高卒者より四年遅く社会に出た大卒者の場合には氷河期世代との重なりがやや大きくなるが、この違いは強調しておく必要がある。

しかし、次のことも強調しておく必要がある。就職氷河期は多くの若者たちを困難に直面させたが、それでも初職時点でのアンダークラス比率は二〇・三%であり、一二六・六%が新中間階級として、五〇・六%が正規雇用の労働者階級として社会に出たということである。もちろん就職氷河期のもと、希望どおりの就職ができず、のちに転職を繰り返したりしてアンダークラスとなった若者たちもいたはずだが、正社員として定着した若者たちも決して少なくはなかったのである。このことは、氷河期世代の人々の間には、他の世代の人々以上に大きな格差が形成されているということを意味するはずである。

次章では、この氷河期世代内部の格差に目を向けることとしよう。

第3章

「格差世代」としての氷河期世代

1. 氷河期世代は格差が大きいか

三五歳以降に広がる経済格差

第2章の最後で述べたように氷河期世代は、大量の非正規労働者と、それ以前の世代と同様に正規雇用者として就職した人々の、混在する世代である。これは氷河期以後の世代もある程度までは同じなのだが、とくに中期氷河期世代を中心に、こうした性格が強いのは事実だろう。だとすれば氷河期世代は、他の世代、とくに氷河期より前の世代に比べて内部の格差が大きいはずである。これを政府の統計によって確認してみよう。

図表3－1は、所得格差に関するもっとも信頼できる統計である「所得再分配調査」から、年齢別ジニ係数の推移をみたものである。どの年度をみても、ジニ係数は二〇歳前後で高く、二〇歳代後半から三〇歳代はやや低く、四〇歳以降でまた高くなるという変化を

図表3-1　年齢別ジニ係数の推移

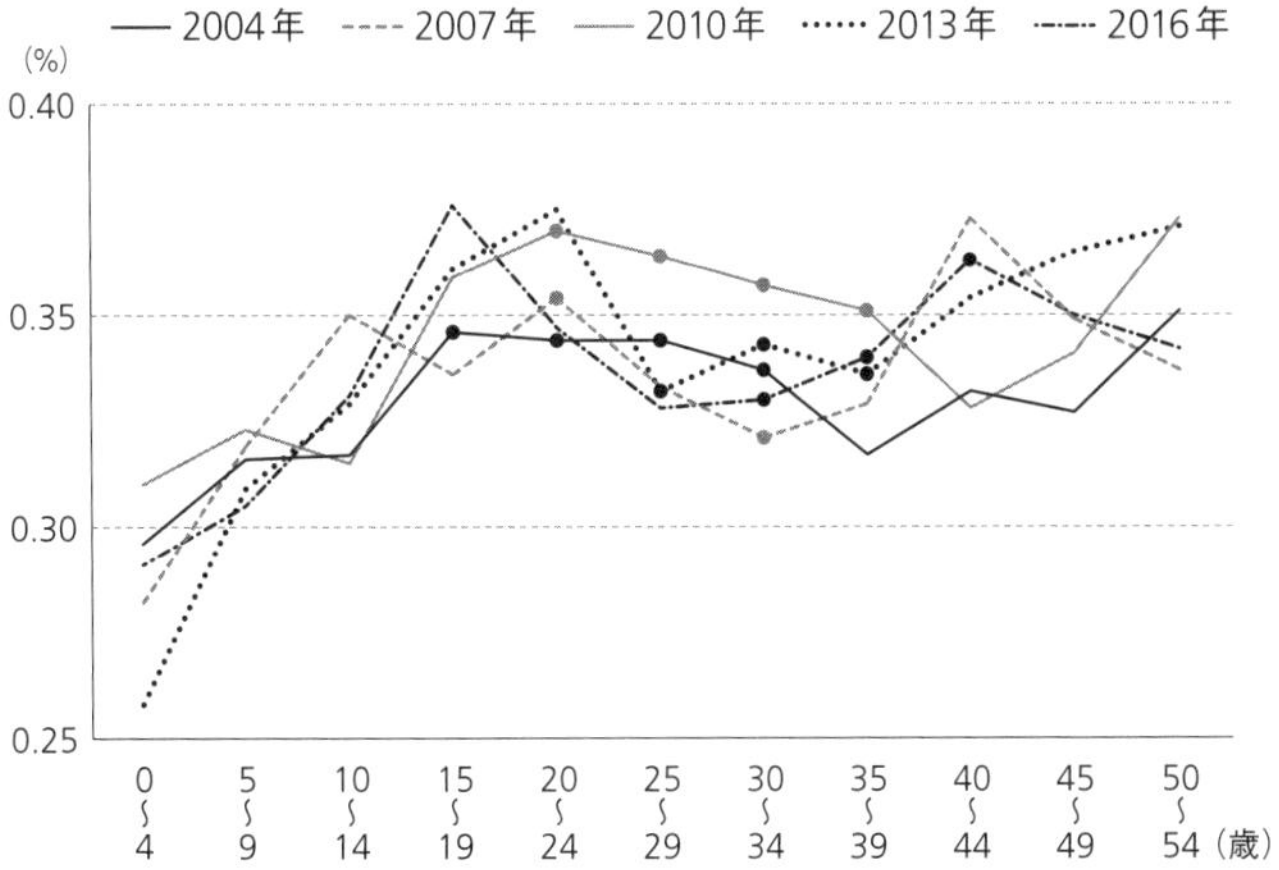

出典：所得再分配調査（各年度）　注：●で示した部分がおおむね氷河期世代に該当する

示している。ジニ係数の計算に使われているのは等価所得、つまり世帯所得を世帯員の数で調整したものである。だから一五歳以下などの子どものジニ係数は、子どもを養っている親たちの間の格差を示していることになる。

グラフでは、一五－一九歳以上の年齢層について、氷河期世代を含むと考えられる部分に、円形の印を付けておいた。ややわかりにくいのだが、次のように傾向を読み取ることができる。

一五－一九歳時点の氷河期世代がグラフに登場するのは、二〇〇四年だけである。この時点では、他の時期の一五－一九歳に比べて格差が大きかったというような傾向はみられない。もっとも、まだ大卒者が出ておらず、少数の中卒者とごく一部の高卒者、そして高校生と大学生を含むだけだから、何か傾向を見出そうとすること自体が無理だろう。二〇－二四歳時点の氷河期世代は、二〇〇四年から二〇一〇年のグラフに登場する。二〇〇四年では、他の時点よりジニ係数が小さく、二〇一〇年はジニ係数がかなり大きいものの、二〇一三年の同年齢層より小さい。とくに他の世代に比べてジニ係数が大きいとはいえないようだ。

二五－二九歳時点の氷河期世代は、二〇〇四年から二〇一三年までのグラフに登場する。唯一の比較対象である二〇一六年の二五－二九歳は、氷河期世代よりジニ係数が小さい。三〇－三四歳時点の氷河期世代は、二〇〇四年から二〇一六年までのすべてのグラフに登場するので、比較対象がない。

三五－三九歳時点の氷河期世代は、二〇一〇年から二〇一六年のグラフに登場する。比較対象は二〇〇四年と二〇〇七年で、この両年の同じ年齢層はいずれも、氷河期世代よりジニ係数が小さい。最後に四〇－四四歳時点の氷河期世代は、二〇一六年のグラフにのみ登場する。この年齢層のジニ係数がいちばん大きかったのは二〇〇七年だが、他の三つの年度の同年齢層のジニ係数は、いずれも二〇一六年より小さい。

以上からみると、次のように結論してよさそうだ。まず二〇歳代までは、氷河期世代内部の経済格差が、他の世代に比べて大きかったとはいえない。そもそも二〇歳代までの若者たちは、大部分が親と同居しているのであり、ジニ係数が示しているのは主に親の所得格差である。氷河期世代の格差を観察するのには向いていないとみるべきだろう。そして三〇歳代前半については、比較対象がない。しかし三五歳以降になると、二〇〇七年の四〇－四四歳を例外として、氷河期世代内部の経済格差は、他の世代より大きくなっている。

とくに二〇一六年の四〇－四四歳は、注目してよい。グラフからわかるように、二〇〇七年はなぜか例外なのだが、二〇一三年までのジニ係数は、四〇歳を過ぎるあたりから年齢とともに上昇する傾向を示している。この年代は、昇進の程度や勤め先の業績の違いによって、収入の差が開いていく時期にあたっているからである。これに対して二〇一六年の四〇－四四歳は、すでに四五歳以上よりジニ係数が大きくなっているが、今後はさらに上昇する可能性が高い。だとすると氷河期世代が年をとるごとに、日本には内部の格差がきわめて大きい中高年齢層が形成されることになる。その将来を占うためにも、現在の氷河期世代内部の格差について、詳しく検討することにしよう。

2. 氷河期世代の階級構成

男性の一四%、女性の一二%がアンダークラス

それではまず、氷河期世代の階級構成、つまりそれぞれの階級の人数と構成比をみておくことにしよう。**図表3－2**は、二〇一五年の国勢調査にもとづいて、五つの階級、そしてパート主婦、専業主婦の人数と全体に占める構成比を示したものである。国勢調査では、学校を出てからの年数などはわからないから、ここでは単純に三〇－四四歳を氷河期世代とみなしておいた。パート主婦や専業主婦は、ひとつのまとまった「階級」というわけではないが、以下の分析では階級に準ずるグループとして扱うことにする。アンダークラスについては、非正規労働者と失業者・無業者の内訳についても示しておいた。

ここに示された氷河期世代の総勢は、二一六九・六万人である。実は、これは三〇－

図表3-2 氷河期世代の階級構成

（上段：万人）
（下段：%）

	男性	女性	合計
資本家階級	57.9 (5.3%)	13.6 (1.3%)	71.4 (3.3%)
新中間階級	302.2 (27.8%)	153.9 (14.2%)	456.1 (21.0%)
正規労働者	512.0 (47.1%)	255.5 (23.6%)	767.5 (35.4%)
アンダークラス	153.4 (14.1%)	130.2 (12.0%)	283.6 (13.1%)
うち 非正規労働者	75.8 (7.0%)	96.0 (8.9%)	171.8 (7.9%)
うち 失業者・無業者	77.6 (7.1%)	34.3 (3.2%)	111.8 (5.2%)
旧中間階級	60.9 (5.6%)	43.5 (4.0%)	104.4 (4.8%)
パート主婦		219.9 (20.3%)	219.9 (10.1%)
専業主婦		266.5 (24.6%)	266.5 (12.3%)
合計	1086.4 (100.0%)	1083.1 (100.0%)	2169.6 (100.0%)

出典：2015年国勢調査より算出　注：30-44歳。通学者を除く

四四歳の総人口二五三三・九万人より、三六四・三万人（総人口の一四・四％）も少ない。なぜかというと近年、国勢調査に回答してくれない人が増えているからである。国勢調査では、不在などによって回答が得られなかった世帯については、近隣の住人に対する聞き取りによって、氏名、男女の別、世帯員の数についてのみ調査を行なうこととされているのだが、当然、このような世帯については従業上の地位や職業などすべて不明となるから、各階級に分類することができないのである。したがって実際の人数は、各階級とも**図表3―2**（155ページ）より一割から二割多いと考えたほうがいいだろう。とくに社会的に孤立しがちなアンダークラスは、他の階級の人々以上に無回答が多いと考えられるから、人数だけでなく比率も過小に表われている可能性が高い点には、注意が必要である。

男性では正規労働者が四七・一％ともっとも多く、二番目に多い新中間階級が二七・八％となっている。次に多いのがアンダークラスで、非正規労働者と失業者・無業者が、ともに約七％となっている。若い世代ということもあり、資本家階級と旧中間階級は少なく、いずれも五％台にとどまっている。女性では、子育て世代ということもあり、もっとも多いのが専業主婦で二四・六％、三番目に多いパート主婦を約四％上回っている。二番目に多いのは正規労働者（二三・六％）、四番目に多いのは新中間階級（一四・二％）で、アンダークラスはその次の一二・〇%である。男性に比べると二%ほど少ないが、パート主婦でも専業主婦でもなく、非正規労働者、あるいは失業か無業の状態にある無配偶女性が一二%、つまり約八人に一人、人数では一三〇万人もいるというのは、かなり驚きである。男女の合計では、もっとも多いのが正規労働者で三五・四%、次いで新中間階級が二一・〇%、アンダークラスは三番目に多い一三・一%である。

3. 氷河期世代の経済格差

アンダークラスの女性の貧困率は五〇％

それではデータにもとづいて、氷河期世代内部の階級間格差について詳しくみていくことにしよう。

さて**図表3－3**は、いくつかの指標から経済的な格差をみたものである。

個人年収、世帯年収ともに、もっとも多いのは資本家階級である。個人年収が四九九万円というのは、経営者にしては少ないようにも思えるが、これは序章でも述べたように、ほぼ無給の家族従業者がいるからで、事実、女性に限るとわずか二三五万円、男性は六三一万円となっている。まだ比較的若い年代だから、父親が社長で、息子は役職のうえでは専務だが、あまり給料をもらっていない、というケースもあるはずである。世帯年収

図表3-3 氷河期世代の階級間格差(1)経済格差

	資本家階級	新中間階級	正規労働者	アンダークラス(非正規労働者)	失業者無業者	旧中間階級	パート主婦	専業主婦
個人年収	499万円	472万円	371万円	203万円	77万円	298万円	109万円	18万円
同・男性	631万円	566万円	420万円	230万円	42万円	372万円		
同・女性	235万円	324万円	293万円	179万円	100万円	158万円	109万円	18万円
世帯年収	1011万円	744万円	620万円	321万円	234万円	615万円	588万円	603万円
世帯の金融資産総額	1027万円	658万円	450万円	250万円	526万円	561万円	414万円	555万円
金融資産のない世帯の比率	8.3%	12.6%	23.3%	45.3%	40.0%	29.9%	23.4%	14.3%
貧困率	5.4%	2.6%	5.9%	41.3%	67.9%	13.9%	8.5%	6.3%
同・男性	7.1%	1.4%	6.8%	31.0%	54.5%	11.3%		
同・女性	0.0%	4.7%	4.3%	50.0%	76.5%	19.2%	8.5%	6.3%

出典:2015年SSM調査データより算出　注:年収は前年1年間のもの。失業者・無業者、専業主婦のなかには前年まで仕事による収入があった人が含まれる。世帯の金融資産は、金融資産が1億円を超える人を除外して計算した

は一〇〇〇万円を超えており、預金などの金融資産も一〇〇〇万円を超えている。貧困率は、等価所得が中央値の二分の一未満の世帯、つまり所得が一般的な所得水準の半分に満たない世帯の比率だが、五・四%と低い。

新中間階級は、個人年収、世帯年収とも、二番目に多い。個人年収は四七二万円と、資本家階級に近い金額になっているが、世帯年収は七四四万円と、資本家階級より約二七〇万円少ない。個人年収は男女差が大きく、男性では五六六万円に達しているが、女性は三二四万円にとどまる。金融資産は六五八万円で、金融資産のない世帯も一二・六%あるが、貧困率は二・六%と、資本家階級をも下回って最低である。

正規労働者は、個人年収、世帯年収ともに三番目である。男性は新中間階級との差が約一五〇万円と大きいが、女性は三〇万円ほどの差にとどまっている。金融資産は四五〇万円にとどまり、金融資産のない世帯も二三・三%とかなり多いが、貧困率はわずか五・九%で、豊かではないものの一定水準は確保しているといえるだろう。

アンダークラス（非正規労働者）は、個人年収が二〇三万円と、新中間階級の四割強、正規労働者の五割強にとどまる。とくに女性は一七九万円にすぎない。世帯年収もわずか三二一万円で、正規労働者の半分をわずかに上回る程度である。四五・三%と、半数近くの世帯には金融資産がない。そして貧困率は四一・三％、女性に限れば五〇・〇％にも上っている。

失業者・無業者は個人年収がわずか七七万円、世帯年収も二三四万円に過ぎない。女性の個人収入は一〇〇万円となっているが、これは前の年まで正規雇用の職に就いていた人が回答者の中に複数いたからである。ただし金融資産は五二六万円とやや多く、このことが無業でいることを可能にしている面もあるのかもしれない。貧困率は六七・九％と極端に高く、女性に限れば七六・五％にも達している。

旧中間階級は個人年収が二九八万円と少ないが、資本家階級と同様に男女差が大きく、女性ではわずか一五八万円である。ただし複数の家族が働いていることが多いから、世帯年収は六一五万円で、正規労働者に引けをとらない。金融資産は五六一万円で、正規労働者を上回る。ただし内部の格差が大きいので、金融資産のない世帯も二九・九％あり、貧困率は一三・九％とやや高い。

パート主婦と専業主婦は、比較してみると興味深い。パート主婦の個人年収は一〇九万円で、世帯年収五八八万円の、二割弱に相当する。専業主婦の世帯年収は六〇三万円とほぼ同額だから、パートの収入によってなんとか追いついているということになる。このたは、パート主婦と専業主婦の貧困率はそれぞれ八・五％、六・三％と差が小さい。ただし金融資産のない世帯の比率は、パート主婦が二三・四％、専業主婦が一四・三％と、やや差が大きい。これは、住宅ローンなど借入金のある世帯の比率が、前者で六九・〇％、後者で五七・二％と差があることによるものだろう。

4. 分断された仕事の世界

仕事満足度が極端に低い男性アンダークラス

図表3－4（164ページ）は、氷河期世代の仕事のようすと、仕事についての意識の階級による違いをみたものである。

働き盛りの世代だから、労働時間は全体的に長い。とくに資本家階級は週労働時間が五一・九時間にも達している。これはすべての世代の資本家階級の平均である四五・一時間を七時間近くも上回っており、過労死水準の週六〇時間を上回っている人も一五・四％に達している。次に長いのは旧中間階級で、四五・〇時間。やはりすべての世代の平均である四〇・六時間を大きく上回っており、一三・三％が週六〇時間を上回っている。若くして会社を経営したり、事業を営んだりしている人々の多忙さがよくわかる。

図表3-4　氷河期世代の階級間格差（2）仕事の世界

	資本家階級	新中間階級	正規労働者	アンダークラス（非正規労働者）	旧中間階級	パート主婦
週労働時間	51.9時間	44.7時間	44.7時間	37.4時間	45.0時間	26.2時間
週労働時間40時間以上	84.6%	84.8%	90.0%	61.7%	68.3%	13.5%
仕事の内容に満足している	36.4%	37.4%	30.0%	23.5%	37.8%	36.1%
仕事による収入に満足している	37.2%	23.1%	16.0%	11.3%	12.6%	24.2%
自分の仕事の内容やペースを自分で決めることができる	45.5%	24.7%	21.9%	18.3%	60.4%	25.8%
職場全体の仕事のやり方に自分の意見を反映させることができる	43.6%	19.4%	14.3%	8.7%	60.0%	12.6%
自分の能力が発揮できる	40.0%	31.9%	21.2%	14.0%	55.0%	19.8%
自分の経験を生かせる	49.1%	36.3%	22.8%	21.2%	58.6%	19.2%
個人的な理由で休みをとったり早退したりすることができる	45.5%	39.0%	39.9%	40.4%	58.6%	60.0%
退職金を受け取ることができる	28.6%	79.0%	80.8%	15.2%	4.5%	8.6%
社宅・家賃補助が利用できる	11.8%	48.9%	38.0%	5.4%	3.4%	2.7%
いまより上の地位に昇進する見通しがある	36.0%	45.3%	38.7%	8.6%	28.2%	6.3%
職場の非正社員の比率が5割以上	45.6%	20.8%	22.7%	73.4%	26.2%	70.2%

出典:2015年国勢調査より算出　注:「自分の仕事の内容やペースを自分で決めることができる」「職場全体の仕事のやり方に自分の意見を反映させることができる」「個人的な理由で休みをとったり早退したりすることができる」「自分の能力が発揮できる」「自分の経験を生かせる」は「かなりあてはまる」の比率。「いまより上の地位に昇進する見通しがある」は「かなりある」「ある程度ある」の合計

これに対して新中間階級と正規労働者はともに四四・七時間で、全世代の平均値（それぞれ四三・四時間、四四・五時間）と大差はなく、六〇時間を上回っているのは新中間階級で六・三％、正規労働者で三・五％にとどまっている。アンダークラスの週労働時間は三七・四時間だが、六割以上は四〇時間以上で、正社員なみに働いている人が多いことがわかる。パート主婦の週労働時間は二六・二時間と短いが、週三〇時間以上働いている人が三六・〇％、四〇時間以上も一三・五％いる。パート主婦とはいえ、非正規労働者の基幹化（基幹労働者化）という一般的な趨勢《すうせい》と無縁ではないのである。

仕事の内容に満足している人の比率は、資本家階級、新中間階級、旧中間階級、パート主婦が三六―三八％程度で横並びなのに対して、正規労働者は三〇・〇％とやや低く、アンダークラスは二三・五％と低い。ただしアンダークラスは男女差が大きく、女性は三二・三％とパート主婦に近い水準になっているのに対して、男性は一三・二％と極端に低い。仕事による収入に満足している人の比率は、三七・二％と高い資本家階級、二三―二四％の新中間階級とパート主婦、一六・〇％と低い正規労働者、極端に低いアンダークラス（一一・三％）および旧中間階級（一二・六％）と、大きく差が開いた。アンダークラスはやはり男女差があり、女性の一四・五％に対して、男性は七・五％と極端に低くなっている。

低賃金で単純労働に従事することが多いという点で、アンダークラスと同様であるはずのパート主婦の、仕事の内容に対する満足度が新中間階級なみに高いのは、もともと仕事に対する期待が小さく、家計補助のためと割り切っているからだろう。これに対して働き盛りの年代である男性アンダークラスは、きわめて強い不満をもっている。女性アンダークラスの不満感も強いが、パート主婦と同様に生活のためと割り切っている面もあって、男性ほどではないのだろう。

自律性を諦められない男性

ＳＳＭ調査には、仕事のあり方、仕事の性質に関する設問がいくつかあるが、ここでは「自分の仕事の内容やペースを自分で決めることができる」「職場全体の仕事のやり方に自分の意見を反映させることができる」「自分の能力が発揮できる」「自分の経験を生かせる」の四つを取り上げた。いずれも、階級による違いがきわめて大きいのだが、具体的な数字に入る前に、これらの設問の意味について考えておこう。

どの階級に所属するかによって、仕事の性質、仕事のあり方は大きく変わる。わかりやすく対極に位置するのは、資本家階級と労働者階級である。資本家階級は自分の事業を構想し、必要な労働力を集め、賃金によって商品として買い入れる。いったん労働力を販売してしまった以上、労働者階級は資本家階級の指示するとおりに働かなければならない。構想し、指示するのは資本家階級であり、指示にしたがって実行するのは労働者階級である。

両者の関係は、米国の労働研究者であるハリー・ブレイヴァマンによる「構想と実行の分離」という図式に沿って考えるとわかりやすい。*1

ブレイヴァマンによると、もともと人間の労働は、労働それ自体すなわち「実行」と、実行に先立ち、これを導く「構想」から成り立っている。本能にしたがって行動する動物の場合には、構想と実行の区別はなく、両者は渾然《こんぜん》一体となっている。*2 しかし、構想と実行は分離可能である。彼によると、「いぜんとして構想は、実行に先立ち、実行を規制しなくてはならないが、しかし、ある者が構想した観念を他の者が実行に移すということは可能」だからである。こうして、一部の人たちだけが計画や決定、設計など構想に関わる労働を行ない、他の人々は実行に関わる労働のみに従事するという構造が成立するのである。

それぞれの階級は、構想と実行という二種類の労働に対して、異なる位置にある。資本家階級と労働者階級は、構想と実行の分離を典型的に示す階級といっていいだろう。資本家階級は、企業規模によって違いはあるとしても、実行に関わる労働から解放され、ほぼ構想に関わる労働のみ、とくに経営全体を見渡すような高レベルの構想に関わる労働を担っている。そして労働者階級は、ほぼ実行に関わる労働のみを担っている。

このような労働のあり方の違いは、収入や生活水準と並んで、資本家階級と労働者階級のもっとも重要な違いである。というのは、これは労働に意味を感じることができるか、やりがいを感じることができるか、労働を通じて自己実現が可能かといったことに関わるからである。一般的にいえば、構想に関わる労働は、自らの意思を実現することのできるやりがいのある労働である。これに対して実行のみに関わる労働は、人の手足となって行なう労働であり、労働それ自体に意味を感じることが難しい。マルクスはこのような労働を「疎外された労働」と呼んだ。つまり労働者階級は、疎外された労働に従事する階級なのである。この「疎外された労働」が、労働者、とくにアンダークラスにさまざまな負の影響を与え、深刻なストレスの原因になることは、現代の多くの研究によっても確かめられている。[*3]

それでは、新旧二つの中間階級はどうだろう。

自分で生産手段を所有し、これを自分の労働によって活用する旧中間階級は、文字通りに構想と実行の両方を担っているといってよい。その働き方は、構想と実行が分離する以前の、前近代から続いている働き方である。資本家階級が、しばしば組織運営の困難や、労働者階級からの抵抗に悩まされることを考えれば、労働の自由度はさらに高いといっていいかもしれない。

これに対して新中間階級はどうか。その職種や職位によって違いはあるとしても、資本家階級の指揮の下、中間的もしくは些末なレベルの構想に関わる労働を、そして構想を実行に結びつけるための雑多な労働を、担っているといっていいだろう。たとえば、資本家階級の構想を実現するために必要な、さまざまな具体的条件を満たすためにはどうすればいいかを「構想」することや、資本家階級の構想に沿って労働者階級を働かせることなど。つまり、構想のうちの低次の部分や、構想を実行へと結びつけるための雑多な労働が、その役割である。構想と実行が統一された労働から、頭にあたる部分と手足にあたる部分を切り落とされた労働。これが新中間階級の労働である。

ブレイヴァマンによれば、新中間階級は「資本の特権と報酬から小さな分け前を受け取っているだけでなく、プロレタリア状態の標識をも帯びている」。そしてとくに事務労働者、下級技術者、看護師や教師、監督者・小管理者などは、「雇用された労働としての根本的な従属状態をますます自覚しつつある」という。[*4] だから新中間階級は、労働疎外と無縁ではあり得ないのである。

このような階級による仕事の性質の違いを考えれば、ここで取り上げる四つの設問への回答が、階級によって大きく異なるのは当然だろう。

「自分の仕事の内容やペースを自分で決めることができる」では、旧中間階級の六〇・四%、資本家階級の四五・五%までが「かなりあてはまる」と答えているのに対して、この比率はアンダークラスではわずか一八・三%、正規労働者でも二一・九%に過ぎない。新中間階級の二四・七%という数字は、やや多いとはいえ、正規労働者と本質的に違うとはいえないだろう。パート主婦は二五・八%で、新中間階級とほぼ同じである。しかしアンダークラスでは男女差が大きく、女性はほぼパート主婦に等しい二四・二%までが「かなりあてはまる」と答えているのに対して、男性はこの比率がわずか一一・三%である。ここでも、生活のためと割り切る女性に対して、労働における自律性を諦めきれない男性という違いがみてとれる。

「職場全体の仕事のやり方に自分の意見を反映させることができる」でも、旧中間階級の六〇・〇％、資本家階級の四三・六％までが「かなりあてはまる」と答えるのに対して、アンダークラスは八・七％がそう答えているに過ぎない。しかしここでは、新中間階級でさえ一九・四％に過ぎないという、経営者・自営業者と被雇用者の間の本質的ともいえる違いが目をひく。

「自分の能力が発揮できる」では、旧中間階級の五五・〇％、資本家階級の四〇・〇％に対して、被雇用者の低さは明らかである。しかしここでは、被雇用者内部の違いも大きい。アンダークラスは一四・〇％、パート主婦は一九・八％、正規労働者は二一・二％と低水準であるのに対して、新中間階級は三一・九％と、資本家階級にある程度まで近い数字になっているのである。「自分の経験を生かせる」も傾向は同じである。旧中間階級の五八・六％、資本家階級の四九・一％に対して、正規労働者、アンダークラス、パート主婦は二〇％前後で足並みを揃えるが、新中間階級は三六・三％と中間に位置している。ここでは新中間階級は、その「中間」階級としての性格をいかんなく示しているといっていいだろう。

階級による深い分断

次の「個人的な理由で休みをとったり早退したりすることができる」は、仕事の上での自由度・自律性ではなく、勤務日や勤務時間の自由度だが、やや意外な結果となっている。旧中間階級が五八・六%、また家庭生活との両立をはかるためにあえてパート勤務を選んでいる場合が多いパート主婦が六〇・〇%と高くなっているのは当然といえるが、アンダークラスは四〇・四%で、新中間階級（三九・〇%）や正規労働者（三九・九%）とほとんど違わない。しかも男性に限ると、アンダークラスではわずか二八・三%で、新中間階級（四〇・二%）や正規労働者（三六・一%）を大きく下回るのである（女性アンダークラスは五〇・八%）。どうやら男性アンダークラスは、非正規雇用労働者でありながら、勤務日や勤務時間の自由が、正規雇用者以上に制限されているらしいのである。働き方の上でも、また労働時間の上でも自律性を欠き、しかも低賃金で不安定という、働く者としては最低の条件下に置かれているのが、男性アンダークラスなのである。

そしてアンダークラスは、退職金や社宅・家賃補助のような被雇用者向けの制度からは、ほぼ完全に排除されている。この二つは、規模の大きい企業の雇われ経営者を除けば、資本家階級や旧中間階級にはあまり関係がないのだが、被雇用者内部の違いがあまりにも大きい。新中間階級と正規労働者の八割が退職金を受けることができ、四割から五割近くが社宅・家賃補助を利用できるのに対して、アンダークラスとパート主婦は、ほぼ完全にここから排除されている。昇進の可能性も、皆無に近い。新中間階級の四五・三%、正規労働者の三八・七%が昇進の可能性があるのに対して、アンダークラスとパート主婦は、それぞれ八・六%と六・三%である。

そして正規雇用者と非正規雇用者は、制度の上で分断されているだけではなく、実は職場そのものが物理的に分断されている。自分の職場で働く人の五割以上が非正社員だという人の比率は、新中間階級と正規労働者では二割程度に過ぎないが、アンダークラスとパート主婦では七割を超えているのである。それぞれは、まさに別世界の住人のようである。

5. 家族を形成できる人々とできない人々

結婚退職が女性をアンダークラスへと導く

図表3－5は配偶関係と家族構成を階級別にみたものである。

まずもっとも目をひくのは、未婚率の階級による違いである。アンダークラスの未婚率は、七二・四％ときわだって高い。男女別にみると、男性は八〇・三％で、女性は六六・三％である。他の階級では、もっとも低い新中間階級が一八・九％、もっとも高い正規労働者でも三二・二％だから、アンダークラスの異質性がよくわかる。定義上、有配偶の女性非正規労働者はパート主婦に分類されるので、女性アンダークラスには有配偶者がいない。残りの三三・七％が離死別者だが、この比率は他の階級に比べてきわだって高い。

日本では子どもは結婚後に産むことが多いから、このことは当然、子どものいる人の比

図表3-5 氷河期世代の階級間格差（3）配偶関係と家族

（%）

	資本家階級	新中間階級	正規労働者階級	アンダークラス（失業・無職を含む）	旧中間階級	パート主婦	専業主婦
未婚率	25.0	18.9	32.2	72.4	27.9	ー	ー
同・男性	23.1	18.9	31.3	80.3	28.8	ー	ー
同・女性	29.4	18.9	33.7	66.3	26.3	ー	ー
有配偶者の比率	69.6	77.4	63.3	7.4	65.8	100.0	100.0
同・男性	69.2	79.5	65.5	16.9	68.5	ー	ー
同・女性	70.6	74.0	59.9	ー	60.5	100.0	100.0
離死別者の比率	5.4	3.7	4.4	20.2	6.3	ー	ー
同・男性	7.7	1.5	3.2	2.8	2.7	ー	ー
同・女性	0.0	7.1	6.4	33.7	13.2	ー	ー
子どもがいる人の比率	68.5	72.7	59.6	29.4	59.2	87.3	89.5
同・男性	67.6	72.1	62.7	15.4	57.4	ー	ー
同・女性	70.6	73.6	54.6	39.8	62.9	87.3	89.5
自分または配偶者の親と同居している人の比率	46.4	21.7	38.0	68.1	43.2	17.5	13.6
同・男性	88.2	55.1	72.7	72.8	71.1	ー	ー
同・女性	28.2	11.9	17.9	8.3	28.8	17.5	13.6

出典：2015年国勢調査より算出

図表3-6　離死別を経験した氷河期世代女性の職業経歴

（%）

	アンダークラス				アンダークラス以外の有業者			
	非正規労働者	その他の有業者	無職	合計	非正規労働者	その他の有業者	無職	合計
結婚直前	37.9	37.9	24.1	100.0	12.0	76.0	12.0	100.0
結婚直後	33.3	3.7	63.0	100.0	14.3	38.1	47.6	100.0
離死別1年前	35.7	7.1	57.1	100.0	30.8	46.2	23.1	100.0
離死別1年後	64.0	12.0	24.0	100.0	19.2	69.2	11.5	100.0

出典：2015年SSM調査データより算出　注：アンダークラスには失業者・無業者を含む

率に反映される。子どものいる人の比率は、アンダークラスで二九・四％ときわだって低く、他の階級（パート主婦、専業主婦を含む）の二分の一から三分の一で、女性だけをとってみても、三九・八％にとどまる。ただし、離死別経験のあるアンダークラスだけでみると、子どものいる人の比率は八七・一％で、パート主婦や専業主婦とほぼ同じである。ちなみに未婚で子どものいる人は、一四・〇％である。

離死別経験のあるアンダークラス女性の多くは、結婚後にいったん専業主婦となったあと、離死別後に非正規労働者または無配偶の無業者となることによって、アンダークラスに参入している。そのようすをみたのが、**図**

表3-6である。

現在アンダークラスである女性たちは、結婚直前の段階では正規労働者とその他の有業者がそれぞれ四割弱ずつで、四分の一ほどが無職だった。ところが結婚直後には、非正規労働者の比率はわずかに減っただけだが、その他の有業者はほとんどが退職してしまい、六三・〇%までが無職、つまり専業主婦になってしまう。離死別一年前もほぼ同じ状態だが、離死別一年後になると、多くの無職者が非正規労働者となり、四人に一人ほどはそのまま無職であり続ける。正規雇用などの職を得た人もわずかにいるが、大部分の女性たちは、離死別と同時にアンダークラスへと移行してしまったのである。

アンダークラス以外の女性たちは、どうだろう。結婚直前の段階では、非正規労働者は一二・〇%で、七六・〇%までがその他の有業者である。結婚とともに、その他の有業者の約半数が退職するが、半数は正規雇用などの職に就いており、無職の比率は四七・六%と低くなっている。離死別一年前になると無職が減って非正規労働者、つまりパート主婦が三〇・八%まで増えているが、それでも四六・二%までが正規雇用などの職を維持している。そして離死別とともに、パート主婦と専業主婦の一部が正規雇用などの職へ異動し、六九・二%と約七割の女性が、比較的安定した職を確保している。

アンダークラスとそれ以外の違いは、明らかだろう。現時点でアンダークラスである女性たちと、それ以外の女性たちの大きな分かれ目は、結婚とともに退職したか否かである。もともとの非正規労働者比率も違っていたのだが、安定した職を手放した女性たちも、それと同じくらい多かった。おそらくは、結婚すれば家に入るのが当然という通念が、比較的若い世代である氷河期世代の女性たちをも、かなりの程度にとらえていたのだろう。あるいは、氷河期にあって何とか正規雇用の職を得た夫を、家庭で支えなければという使命感もあったかもしれない。夫に仕事を辞めて家庭に入ってくれといわれたケースもあるだろう。しかし、いずれにしても結果的にはこのことが、彼女たちをアンダークラスへと導いたのである。

パラサイト・シングルのその後

図表3－5（175ページ）に戻って、親と同居している人の比率に目を向けよう。自分または配偶者の親と同居している人の比率がもっとも低いのは、専業主婦の一三・六％、次いでパート主婦の一七・五％である。ただし、これは全員が有配偶者であることによる部分が大きく、女性に限れば、新中間階級と正規労働者もそれぞれ一一・九％、一七・九％

が親と同居しているから、比率はほぼ同じである。比率がもっとも高いのはアンダークラスで、六八・一%までが親と同居している。ただし男性に限れば、比率は七二・八%で、正規労働者(七二・七%)、旧中間階級(七一・一%)とほぼ等しく、とくにアンダークラスが、他の階級以上に親と同居する傾向が強いということではなさそうだ。資本家階級で八八・二%と高いのは、若い資本家階級には親の家業を手伝っているケースが多いこと、また新中間階級で五五・一%と低いのは、一人暮らしが不自由なくできるだけの経済力があることの表われだろう。

親と同居する無配偶者といえば、一九九〇年代末に流行語になった「パラサイト・シングル」という言葉を思い浮かべる読者もいるかもしれない。家族社会学者の山田昌弘による造語である。パラサイトとは「寄生」という意味だから、直訳すれば「寄生単身者」ということになるが、山田によるとこれは、「いつまでも親元を離れず、親の援助を受けてリッチな独身生活を楽しんでいる」若者たちのことである。彼ら・彼女らは、高度成長期に就職して順調にキャリアを積み、経済力をもつ父親、そして専業主婦として家事を全面的に担う母親と同居しており、自分の給料はほぼすべて自由になるため、ぜいたくができる。したがって結婚して家を出ていくと、生活水準が下がる可能性が高いので、結婚しようとしない。このように「親元でリッチに暮らすヤングアダルト」が、現在の少子化の原因になっている、と山田は主張した。*5

しかし、それからもう二〇年以上経っている。当時の「パラサイト・シングル」たちは、就職氷河期世代の少し前の世代にあたっており、いまや五〇歳前後。氷河期世代も、三〇歳代から四〇歳代である。親の多くは退職しているから、のんきにパラサイトできるはずはない。その生活は、どのようなものなのだろうか。

そこで親と同居する氷河期世代の経済状態をみたのが、**図表3-7**である。経済状態を左右する重要な要因として、本人と親の平均年齢、そして父親の現役時代の主な所属階級についても記しておいた。二〇一五年に実施した調査なので、年齢は五歳加えて二〇二〇年時点に直しておいた。氷河期世代の子どもが働いているケースはごくわずかだろうから、本人収入と配偶者収入の合計と世帯収入の差額は、ほぼ親の収入と考えていいだろう。その平均値は、二七一万円で、親がフルタイムで就労している可能性の高い年収四〇〇万円以上の比率は二五%だった。ただし、この五年間で退職した父親も多いはずだから、二〇二〇年時点では、この表の数字より世帯年収が下がっているはずである。

親と同居する氷河期世代の新中間階級は、六五・二%が無配偶者である。個人年収は

図表3-7　親と同居する氷河期世代の経済状態

	新中間階級	正規 労働者階級	アンダー クラス	失業者・ 無業者	旧中間階級
無配偶者の比率	65.2%	69.2%	80.5%	98.8%	64.3%
本人の平均年齢	41.4歳	40.0歳	39.0歳	38.8歳	41.3歳
父親の平均年齢	71.8歳	70.0歳	70.2歳	70.0歳	72.3歳
母親の平均年齢	69.4歳	68.0歳	67.6歳	66.6歳	69.0歳
本人の個人年収	414万円	319万円	193万円	31万円	289万円
配偶者の年収	259万円	150万円	−	−	167万円
世帯年収	939万円	631万円	413万円	274万円	797万円
本人の家計寄与率	56.8%	58.3%	46.6%	8.4%	49.1%
本人の家計寄与率が50%以上	61.1%	60.4%	42.9%	7.6%	33.3%
父親の主な所属階級					
新中間階級	42.4%	28.9%	23.8%	31.8%	13.5%
労働者階級	30.3%	43.8%	60.3%	54.5%	13.5%
旧中間階級	19.7%	23.1%	15.9%	4.5%	62.2%

出典:2015年SSM調査データより算出　注:世帯収入の回答者が10人以上の階級のみを示した。年齢は2020年現在。配偶者の年収と配偶者の年収を含む指標は、回答者が5人未満の部分を省略した。本人の家計寄与率は、本人の個人年収／世帯年収。本人と配偶者の家計寄与率は、(本人の個人年収+配偶者の年収)／世帯年収

四一四万円、配偶者年収は二五九万円。これに対して世帯年収は九三九万円と多いので、親の収入がかなり含まれると考えられる。しかし本人の家計寄与率は五六・八%と六割近く、本人の家計寄与率が五〇%以上の世帯は六一・一%に達している。五年前の調査時点でも六割以上が家計の主たる担い手になっていたわけだから、父親の平均年齢が七〇歳を過ぎた現時点では、大部分が家計の主たる担い手になっていると考えていいだろう。新中間階級の経歴をもつ父親が多い分、年金収入は少なくないと思われるが、すでに親は扶養される側に回っているはずである。

正規労働者は、個人年収が三一九万円、配偶者年収が一五〇万円で、それぞれ新中間階級より一〇〇万円ほど少なく、世帯年収は六三一万円で、新中間階級より三〇〇万円ほど少ない。本人の家計寄与率は五八・三%、家計寄与率が五〇%以上の世帯は六〇・四%で、ともに新中間階級とほぼ同じである。もともと五年前の時点でも親の収入は少なかったわけだから、現時点ではもっぱら親を扶養する立場と思われる。

旧中間階級は個人年収が二八九万円、配偶者年収が一六七万円と少なく、本人の家計寄与率は四九・一%、家計寄与率が五〇%以上の世帯は三三・三%と少ない。ただし自営業だけに夫婦で一緒に働いているケースが多いので、配偶者の年収も加えて家計寄与率をみると六六・八％、家計寄与率五〇％以上の世帯は六四・七％となる。父親の六二・二％までが旧中間階級だから、年金収入は期待できないはずで、大部分が家業を継承して引退した親を扶養するという生活に入るのだろう。

このように新中間階級、正規労働者、旧中間階級については、すでに五年前の段階で六割程度が家計の中心となっている。父親が七〇歳前後、あるいはそれ以上となった今日では、多くの氷河期世代が親を扶養する側となっているはずである。

さて、問題はアンダークラスである。まず非正規労働者として働くアンダークラスをみると、本人収入は一九三万円と少なく、世帯年収も四一三万円に過ぎない（有配偶者が少ないので、配偶者年収は省略した）。世帯年収が本人年収の二倍を上回っているところをみると、親が家計の中心になっているケースが多いとも思われるが、それにしても本人年収と世帯年収の差は、わずか二二〇万円である。実際、本人の家計寄与率は四六・六％と五割にかなり近く、家計寄与率が五〇％以上の世帯も四二・九％と四割を超えている。つまり非正規労働者として働く単身者が、親を扶養しているケースがかなりあるということである。

五年経った今日では、多くの親は職を失っているだろう。父親は労働者階級が六割だから、高額の年金などは期待できない。パラサイトどころではないのである。

失業者・無業者はどうか。本人年収はわずか三一万円で、家計寄与率はわずか八・四％である。誰かに扶養されているわけだが、親が豊かだというわけではなく、世帯年収は二七四万円に過ぎない。近い将来、親も収入を失う可能性が高く、そのときにはどうやって生活するのだろうか。近年、ひきこもりの中年と高齢の親が同居する世帯の問題が、「八〇五〇問題」として注目されるようになっている。結婚することも、親から独立することもなく、ひきこもり状態で五〇歳代を迎えた子どもと八〇歳代の親が同居する世帯が、貧困状態のまま介護の必要に迫られるなどの問題である。**図表3-2**（155ページ）でみたように、氷河期世代の失業者・無業者は一一一・八万人に上っている。このうち親と同居している人が三分の二だとすると、約七五万人。近い将来、八〇五〇問題を抱える世帯が、氷河期世代だけで七五万世帯も出現する可能性があるということになる。

つまり安定した職業を得ることのできなかった氷河期世代は、非正規労働者として働きながら親を扶養するか、八〇五〇問題の当事者として苦境に立たされるかの二者択一に直面しているのである。

6. 氷河期世代アンダークラスの出身家庭と教育経験

学校教育や就職の機会からも排除される

図表3-7（181ページ）で注目したいのは、所属階級によって、父親の所属階級がかなり異なることである。新中間階級は父親も新中間階級である人が多いのに対して、正規労働者とアンダークラスは父親が労働者階級である人が多く、また旧中間階級の父親は六割以上が旧中間階級である。そこで子どものころの家庭の状態や教育経験について、所属階級による違いをみたのが、**図表3-8**（186ページ）である。アンダークラスとそれ以外の違いに注目しながらみていこう。

一五歳のとき家のくらしむきが豊かだったという人は、資本家階級で四八・二％と多いが、これに次いで多いのは旧中間階級（四〇・五％）だった。旧中間階級はここ数十年にわ

図表3-8　氷河期世代の階級間格差（4）出身家庭と教育経験

（%）

	資本家階級	新中間階級	正規労働者階級	アンダークラス（失業・無職を含む）	旧中間階級	パート主婦	専業主婦
15歳の時のくらしむきが豊かだった	48.2	33.7	30.3	24.7	40.5	22.4	28.2
中学3年の時の成績が上の方だった	26.8	51.5	24.6	23.5	35.1	23.5	40.9
15歳のころ家に文学全集・図鑑があった	76.8	70.9	64.7	54.0	63.1	68.9	76.0
15歳のころ家に本が10冊以下しかなかった	9.6	9.8	22.0	25.3	15.0	11.3	11.6
小学校低学年のころまでに親に旅行に連れて行ってもらった	81.8	80.4	82.4	65.6	75.0	85.5	87.5
学校でいじめにあった	13.6	26.6	17.5	41.0	12.5	29.1	21.9
塾や予備校に通ったことがない	29.6	28.3	35.8	44.7	34.9	34.3	32.3
大学進学経験	41.1	65.1	37.8	28.2	47.7	39.3	52.0

出典：「小学校低学年のころまでに親に旅行に連れて行ってもらった」「学校でいじめにあった」は2016年首都圏調査データ、他は2015年SSM調査データより算出　注：「15歳の時のくらしむきが豊かだった」は「豊か」「やや豊か」の合計。「中学3年の時の成績が上の方だった」は「上の方」「やや上の方」の合計。「大学進学経験」は短大・高専を含む

たって急速に縮小してきた階級だから、家業の経営状態が比較的よかった人だけが、家業を継承して旧中間階級になっているのだろう。豊かだったという人が少ないのはアンダークラス（二四・七％）、そしてパート主婦（二二・四％）である。

中学三年の時の成績が上の方だったという人の比率も、もっとも低いのはアンダークラスとパート主婦になっている（ともに二三・五％）が、正規労働者も二四・六％と、ほぼ同じである。高いのは新中間階級（五一・五％）、次いで専業主婦（四〇・九％）である。

一五歳のころ、家に文学全集・図鑑があったという人の比率は、資本家階級（七六・八％）、専業主婦（七六・〇％）、新中間階級（七〇・九％）で多く、もっとも少ないのがアンダークラス（五四・〇％）である。一五歳のころ、家に本が一〇冊以下しかなかったという人の比率は、アンダークラス（二五・三％）がもっとも多く、資本家階級と新中間階級は一〇％以下である。家庭の暮らし向きと成績ではアンダークラスとほぼ同じだったパート主婦は、家にあった本に関するこれら二つの設問ではむしろ新中間階級に近い傾向を示している。家庭の経済状態とともに文化的環境のうえでも恵まれていなかったのが、アンダークラスのようである。広い意味ではやはり家庭の文化的環境に関連すると思われるが、小学校低学年のころまでに親に旅行に連れて行ってもらったという人の比率は、アンダークラスがひときわ低く、六五・六%となっている。

学校でいじめにあった経験があるという人の比率は、アンダークラスでは実に四一・〇%に達している。学校でいじめにあったという人の比率を世代別にみると、戦後世代が六・四%、ポスト戦後世代が一六・〇%、氷河期世代が二四・七%、ポスト氷河期世代が二〇・〇%となっており、氷河期世代がもっとも多い。いじめ問題が深刻化したものの、まだ対策は進んでいないという時期に、学校教育を経験した世代だからだろう。いじめという形での学校教育からの排除は、おそらくは成績の低迷や就職機会の喪失を通じて、アンダークラスへの道を準備する。そしてこの問題も、就職氷河期に典型的に現れたようである。

塾や予備校に通ったことがないという人の比率も、アンダークラスで四四・七%と高い。そして大学に進学した経験のある人の比率は、アンダークラスが二八・二%ともっとも低い。出身家庭の豊かさがほぼ同じだったパート主婦でも三九・三%、一五歳のときの成績がほぼ同じだった正規労働者でも三七・八%だから、一〇%ほどの差がある。

このように氷河期世代のアンダークラスは、家庭環境に恵まれず、学校外教育を受ける機会も少なく、また学校教育から排除される傾向にあった人々だということができる。

7．不幸の底に沈む氷河期世代の男性アンダークラス

強い下流意識と不幸感が顕著

それではこのような階級による違いは、氷河期世代の意識にどのように反映されているだろうか。これをみたのが、**図表3－9**（190ページ）である。取り上げたのは、現在の生活に対する満足度、階層帰属意識、そして幸福感である。

生活に満足している人の比率は、多くの階級の人々が七〇％前後から八〇％前後と、多少の差はありながら一様に高い満足度を示しているのに対して、アンダークラスはわずか四三・六％である。とくに男性は、実に三三・八％である。女性は五一・一％と、辛うじて半数を超えているが、実は女性は階級を問わず男性に比べて高い満足度を示す傾向があり、働き方や賃金の上ではアンダークラスに近いパート主婦でも、七七・〇％までが満足と答

図表3-9　氷河期世代の階級間格差
(5)生活満足度・階層帰属意識・幸福感

(%)

	資本家階級	新中間階級	正規労働者階級	アンダークラス(失業・無職を含む)	旧中間階級	パート主婦	専業主婦
生活に満足している人の比率	73.2	81.5	75.1	43.6	68.5	77.0	84.2
同・男性	69.2	79.9	73.4	33.8	69.9	—	—
同・女性	82.4	84.0	77.9	51.1	65.8	77.0	84.2
「自分は人並みより上」と考える人の比率	45.5	38.3	26.9	8.7	28.4	18.7	35.3
同・男性	44.7	38.0	21.8	2.8	28.2	—	—
同・女性	47.1	38.7	35.1	13.3	28.9	18.7	35.3
自分は幸福だと考える人の比率	67.9	68.9	56.7	35.2	59.8	66.1	75.5
同・男性	72.2	68.7	53.8	22.5	56.5	—	—
同・女性	58.8	69.3	61.4	45.5	65.8	66.1	75.5

出典：2015年SSM調査データより算出　注：「生活に満足している人の比率」は「満足」「どちらかといえば満足」の合計。「『自分は人並みより上』と考える人の比率」は「上」「中の上」の合計。「自分は幸福だと考える人の比率」は幸福度を10点満点で尋ねる設問で7点以上の比率

えている。

「自分は人並みより上」と考える人の比率は、階級による違いが比較的大きく、資本家階級では四五・五％、新中間階級が三八・三％、専業主婦が三五・三％であるのに対して、正規労働者では二六・九％、パート主婦では一八・七％にとどまる。しかしアンダークラスは、八・七％と一〇％にも届かない。とりわけ男性では、なんと二・八％である。女性は一三・三％と一割を超えるが、これは未婚女性の五九人のうち二割以上にあたる一二人が「自分は人並みより上」と回答したことによるもので、離死別女性では「自分は人並みより上」と答えた人が、三一人中に一人もいなかった。

そして自分は幸福だと考える人の比率は、アンダークラスが三五・二％と、五割を大きく下回った。他はいずれも五割を上回り、とくに専業主婦は七五％を超え、資本家階級と新中間階級も七割近くに達している。とくに男性では、自分を幸福だと考えるアンダークラスはわずか二二・五％である。女性は四五・五％とやや高いが、やはり五割を下回る。そしてここでは、未婚者と離死別者の間に違いはみられなかった。

これまで氷河期世代内部の階級格差についていろいろみてきたが、ここでアンダークラスとそれ以外の違いが決定的に明らかになったように思われる。とくに男性の氷河期アン

図表3-10　自分を幸福だと考える人の比率の世代間比較（男性）

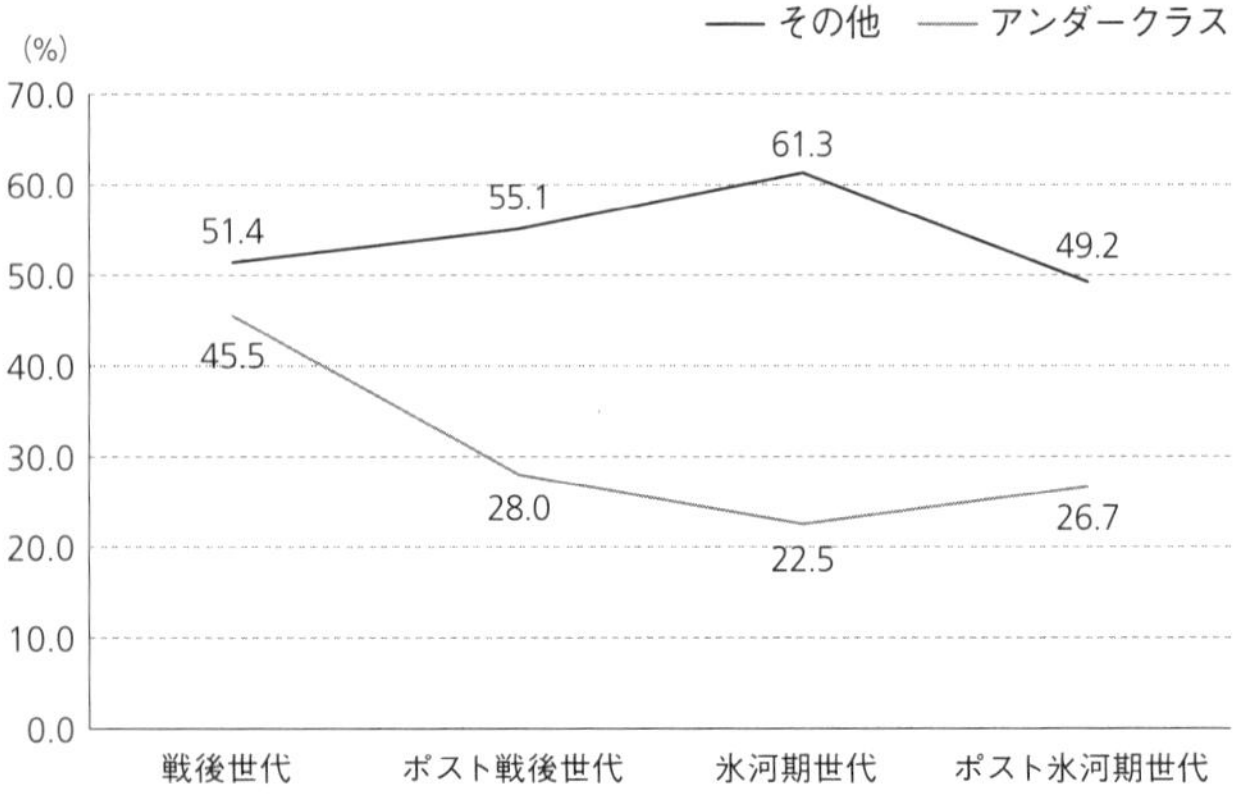

出典：2015年SSM調査データより算出

ダークラスは、きわだった特徴を示している。生活に強い不満を感じ、強烈な「下流意識」をもち、そして自分は不幸だと考える傾向が極端に強いのである。

男性アンダークラスが自分を不幸だと考える傾向が、とくに氷河期世代で顕著だということは、特筆しておいていい。**図表3－10**は、これを示したものである。アンダークラス以外の人々では、自分を幸福だと考える人の比率は戦後世代、ポスト戦後世代と上昇して、氷河期世代で最高となり、ポスト氷河期世代ではかなり低下する。これに対してアンダークラスでは、この比率は退職後の再就職を含む戦後世代で高く、その後は低下して氷河期世代で最低となり、ポスト氷河期世代でやや上昇する。アンダークラスとそれ以外の間の差は、氷河期世代で最高である。あくまでも主観の問題ではあるのだが、もともと幸福とは主観的なものだろう。氷河期世代の男性アンダークラスは、現代日本でもっとも不幸な人々なのである。

8. 社会的孤立と健康不安

格差拡大が心身の健康に影響を及ぼす

アンダークラスは、社会的に孤立しがちである。**図表3－11**の上部の三つの項目は、氷河期世代の人々が有している人間関係のネットワーク、近年よく使われるようになった用語を使えば社会関係資本の量を示したものである。

まず近所の人とのつきあいがまったくない人の比率は、旧中間階級とパート主婦・専業主婦では一割にも満たないのに対して、アンダークラスでは三五・五％と三分の一を超えている。親しくし頼りにしている家族・親族の数は、新中間階級が六・六人とやや少ないのを除けば、他はいずれも七人から九人近くに達しているのに対して、アンダークラスはわずか四・二人である。とくに男性では、三・九人に過ぎない（女性は四・四人）。同じく親し

図表3-11 氷河期世代の階級間格差 (6)社会関係資本と健康状態

	資本家階級	新中間階級	正規労働者階級	アンダークラス(失業・無職を含む)	旧中間階級	パート主婦	専業主婦
近所の人とつきあいのない人の比率(%)	13.6	29.7	20.0	35.5	3.1	7.1	5.6
親しくし、また頼りにしている家族・親族の数(人)	7.8	6.6	8.3	4.2	7.1	8.9	8.0
親しくし、また頼りにしている友人の数(人)	8.0	6.5	6.6	4.5	10.0	9.5	7.9
身体的な理由で仕事やふだんの活動がいつもどおりできなかったことがある(%)	13.6	10.4	14.7	30.7	21.2	9.1	29.2
心理的な理由で仕事やふだんの活動がいつもどおりできなかったことがある(%)	9.1	16.1	12.9	33.9	15.1	7.1	27.8
うつ病やその他の心の病気の診断・治療を受けたことがある(%)	0.0	9.9	9.6	22.6	6.1	3.6	5.6
K6スコア(SSM調査バージョン)9点以上(%)	4.8	16.1	20.9	40.7	18.2	16.4	19.7
自分の健康にとても不安を感じる(%)	4.5	8.9	7.9	16.4	6.1	1.8	8.2
将来の生活にとても不安を感じる(%)	4.5	17.4	30.0	50.8	40.6	20.4	18.1

出典:2016年首都圏調査データより算出 注:「親しくし、また頼りにしている友人の数」は、50人以上の人を除外して計算した。「身体的な理由で仕事やふだんの活動がいつもどおりできなかったことがある」「心理的な理由で仕事やふだんの活動がいつもどおりできなかったことがある」は、過去1年間についての質問で、「いつも」「たいてい」「ときどき」の合計

くし頼りにしている友人の数も、アンダークラスは四・五人と少なく、とくに男性はわずか二・九人である（女性は五・二人）。ここでも男性アンダークラスは、きわめて特徴的である。

心身の健康状態にも、問題がある。「身体的な理由で仕事やふだんの活動がいつもどおりできなかったことがある」「心理的な理由で仕事やふだんの活動がいつもどおりできなかったことがある」という人の比率は、アンダークラスでそれぞれ三〇・七％、三三・九％と最高である。専業主婦は、生活に対する満足感や幸福感の高さとはうらはらに、家庭に閉じ込められることによるストレスや息苦しさを感じる人が多いのか、アンダークラスに近い傾向を示している。しかし、その他の人々は旧中間階級が一カ所で二〇％を超えているのを例外に、数％から十数％にとどまっている。

「うつ病やその他の心の病気の診断・治療を受けたことがある」という人の比率は、いくぶん衝撃的である。他の人々がいずれも一〇％未満にとどまっているのに対して、アンダークラスでは二二・六％にも上っている。とくに女性では二五・六％と四人に一人までが心の病気を患った経験があるという（男性は一五・八％）。心身の不調を抱えることが多いという専業主婦は、ここでは五・六％と低い値にとどまっており、アンダークラスとの違いは明らかである。

K6尺度とは抑うつ傾向を測定するための尺度で、この得点が九点以上だと、うつ病や不安障害の可能性が高いとされている。[*6] ここでもアンダークラスは、他の人々が数%から二〇%程度にとどまるのに対して、四〇・七%ときわだって高い値を示している。とくにアンダークラスのなかでも失業者・無業者は、この比率が六〇・〇%にも達しており、彼ら・彼女らの無業状態が、心理的な健康に由来することを示唆している（非正規労働者は三六・七%）。

以上の傾向からすれば当然だが、アンダークラスは強い不安を抱えている。自分の健康に「とても不安を感じる」という人は、パート主婦が一・八%、資本家階級が四・五%など低い水準にとどまっているのに対して、アンダークラスでは一六・四%。とくに失業者・無業者では三三・三%に達する（非正規労働者は一二・二%）。そして将来の生活に「とても不安を感じる」という人は、五〇・八%と半数を超える（失業者・無業者五八・三%、非正規労働者四九・〇%）。

以上から、次のことは明らかだろう。一九八〇年代以降、雇用状況の悪化と非正規労働者の増加によって、格差拡大が続いてきた。この格差拡大は、人々の生活、意識、そして心身の健康にさまざまな影響を及ぼし、階級間の格差をきわだたせてきたが、そのことは氷河期世代においてもっとも端的に現れる。彼ら・彼女らこそは、現代日本の格差社会のもたらしてきたさまざまな問題が凝縮された世代なのであり、しかも人数が他の多くの世代より多い。その将来に、日本の未来は大きく左右されるのである。

第4章

氷河期世代は政治を変えられるか

1. 格差は政治の中心問題

社会的資源の再分配という課題

前章で、私たちは次のことを確認した。

氷河期世代は、他の世代に比べて内部の経済的格差が大きい。そしてここから、さまざまな社会的格差が生まれている。仕事の内容や質の格差、賃金以外の待遇の違い、結婚して家族を形成することができるか否か、健康状態の格差、そして生活満足度や幸福感といった意識の上での格差など。現代日本の格差社会のかかえるさまざまな問題は、氷河期世代に凝縮して現れているのである。

このことは、本人たちが意識するかしないかにかかわらず、また好むか好まないかにかかわらず、氷河期世代が他の世代以上に重要な政治的性格を帯びることを意味する。なぜなら格差は、政治というもののもっとも重要な本質に関わる問題だからである。

政治のもっとも基本的な機能は、社会的資源を集めたり再分配したりすることである。政府は、税金や社会保険料などを集め、その使い道を決定する。集める前と集めたあと、そして集めた資金を使う前と使ったあとでは、格差の構造が変わる。格差を大きくすることもできれば小さくすることもでき、その結果は階級によって違ってくる。ここから、多くの政治的争点が浮上してくる。だから、格差について語ることは、政治について語ることである。

そして氷河期世代が、経済的格差の大きい世代だということは、他の世代以上に政治の影響を受ける世代だということ、とりわけ政治による再分配によって影響を受けやすい世代だということである。

しかし氷河期世代が、客観的に政治と関わりの深い世代だということと、氷河期世代の人々自身が、他の世代とは異なる政治意識をもつということは、別の問題である。自分たちと政治の関わりについて気がついていないかもしれないし、無関心のままであるかもしれない。氷河期世代の人々が格差の問題に対して、そして政治に対してどのような意識をもっているかをみることは、今後の社会、そして政治のあり方を考える上できわめて重要である。

そこでこの章では、氷河期世代の格差と政治に対する意識を、他の世代と比較していくことにしよう。比較対象とするのは、氷河期世代のひとつ上の世代にあたるポスト戦後世代である。ポスト戦後世代のさらに上の世代である戦後世代は、もう六〇歳代に入っており、現役を退いて年金生活に入りつつある。たとえば年金などによる所得再分配への賛否を尋ねれば、賛成が多いに決まっているから、比較対象には適さないのである。ポスト氷河期世代は、まだ若すぎて政治意識が成熟していないし、また起業したり独立したりするなどして資本家階級や旧中間階級になった人や、子育てが一段落してパート主婦になった人などはきわめて少ないため、階級別の分析には適さない。しかも世代の幅がまだ狭く、二〇一五年SSM調査の回答者が数百人と少ないことから、詳細な分析ができない。これに対してポスト戦後世代は、まだまだ現役で社会の中心を担っており、これを氷河期世代と比較するということは、現役の中心世代の上半分と下半分を比較することにもなる。

2. 氷河期世代の格差に対する意識

自己責任論を肯定し、格差拡大を容認する傾向が強い

二〇一五年SSM調査には、格差に対する意識についての設問がいくつかある。その代表的なものと、全世代を合計した回答の分布は、次のとおりである（「わからない」と無回答は除いて集計したので、合計は一〇〇％になるはずだが、四捨五入の関係で一〇〇％にならない場合がある）。

問．チャンスが平等にあたえられるなら、競争で貧富の差がついてもしかたがない。

そう思う　一五・九％　どちらかといえばそう思う　三六・六％

どちらともいえない　二九・九％　どちらかといえばそう思わない　八・九％

そう思わない　八・七％

問．競争の自由をまもるよりも、格差をなくしていくことの方が大切だ。

そう思う　一四・六％　どちらかといえばそう思う　二七・四％

どちらともいえない　三八・六％　どちらかといえばそう思わない　一三・五％

そう思わない　五・九％

問．今後、日本で格差が広がってもかまわない。

そう思う　一・九％　どちらかといえばそう思う　四・五％

どちらともいえない　二一・三％　どちらかといえばそう思わない　二九・三％

そう思わない　四三・一％

問．富む者と貧しい者とのあいだの所得の格差を小さくすべきだ。

そう思う　二四・五％　どちらかといえばそう思う　三八・一％

どちらともいえない　二七・〇％　どちらかといえばそう思わない　七・二％

そう思わない　三・二%

「チャンスが平等にあたえられるなら、競争で貧富の差がついてもしかたがない」は、よく「自己責任論」と呼ばれる考え方で、結果的には、貧しい人は競争に敗れたのだから貧しくても仕方がない、豊かな人は競争に勝ったのだから豊かで当然だと、格差を容認するものである。実際には、競争が公平な条件で行なわれたのかどうかはわからないし、また偶然の要素も絡んでいるはずだから、単純にそういえるはずはないのだが、「そう思う」「どちらかといえばそう思う」を合計すると五二・五%と過半数に達し、「どちらかといえばそう思わない」「そう思わない」の合計一七・六%の、約三倍にも上っている。ただし「どちらともいえない」が二九・九%と多いので、日本人が自己責任論一色になってしまったというわけではない。

「競争の自由をまもるよりも、格差をなくしていくことの方が大切だ」は、自由競争を至上命令とする立場と、格差の是正が必要だとする立場のいずれかを選ばせようとするものである。「新自由主義」対「格差是正」とでも表現できるだろうか。「そう思う」「どちらかといえばそう思う」の合計は四二・〇%、「どちらかといえばそう思わない」「そう思わない」の合計は一九・四％で、前者のほうが後者の約二倍となった。格差是正論が多いという結果だが、それでも四割程度に過ぎず、いちばん多いのは「どちらともいえない」だから、格差是正論が主流だとまではいえない。

「今後、日本で格差が広がってもかまわない」は、きわめて率直な格差拡大容認論である。さすがにこれをストレートに肯定する人は少なく、「そう思う」「どちらかといえばそう思う」は合計してもわずか六・四％である。「そう思わない」は四三・一％と多いが、それでも半数には達しない。質問文があまりにストレートであることを考えれば、「どちらともいえない」に「どちらかといえばそう思わない」を加えた五〇・六％を中間派と考えたほうがいいかもしれない。

「富む者と貧しい者とのあいだの所得の格差を小さくすべきだ」は、格差の縮小が必要と考えるかどうかを問うものである。その手段については触れていないから、賃金など所得そのものの格差を縮小するという考え方と、社会保障などによって事後的に縮小するという考え方の両方が含まれる。「そう思う」「どちらかといえばそう思う」の合計は六二・六％と六割を超え、「どちらかといえばそう思わない」「そう思わない」の合計は一〇・四％に過ぎないから、格差の縮小が必要だという点については、かなり広い社会的合意が形成されているとみてよいが、やはり「どちらともいえない」という慎重派が二七・〇％もいることには注意が必要だろう。

この四つの設問への回答を、ポスト戦後世代と氷河期世代で比較したのが、**図表4－1**（208ページ）である。「チャンスが平等にあたえられるなら、競争で貧富の差がついてもしかたがない」に関しては、氷河期世代のほうが「そう思う」が四％ほど多く、「どちらかといえばそう思う」も二％ほど多いので、合計するとかなりの差になる。氷河期世代のほうが、自己責任論を支持する傾向が強いようだ。これに比べると「競争の自由をまもるよりも、格差をなくしていくことの方が大切だ」では差が小さいが、自由競争を支持する人の比率は、氷河期世代のほうがわずかながら多いようだ（ただし、統計学的に有意な差ではない）。

「競争の自由をまもるよりも、格差をなくしていくことの方が大切だ」に対して「そう思う」「どちらかといえばそう思う」と答えた人は、ポスト戦後世代で三六・八％、氷河期世代で三四・一％となる。「今後日本で格差が広がってもかまわない」に対しては、どちらの世代でも圧倒的少数派であることに違いはないが、ポスト戦後世代では四・九％、氷河期世代では七・三％と差がある（この差は統計学的にも有意である）。また「富む者と貧しい者と

図表4-1　格差に対する意識の世代間比較

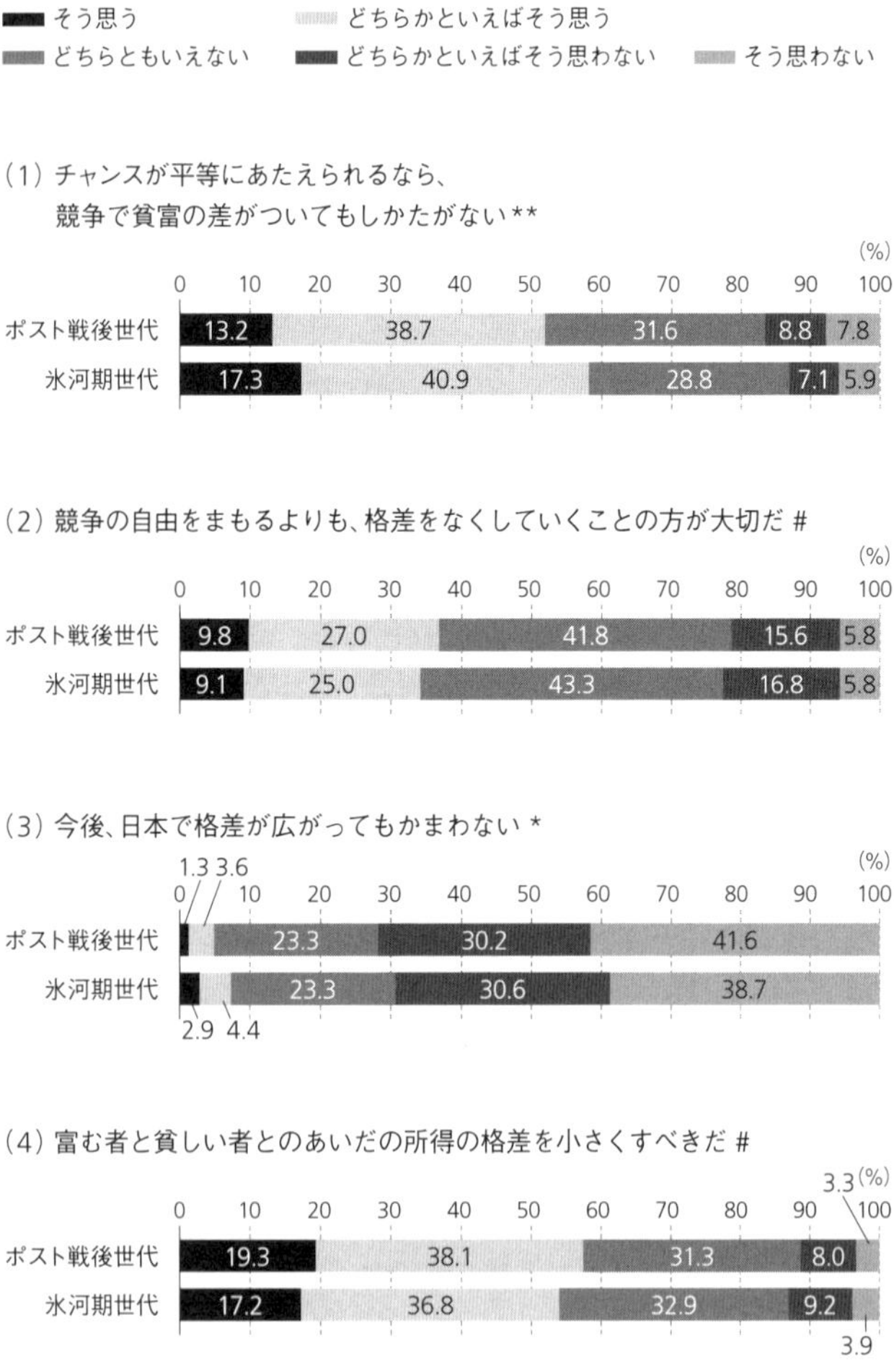

出典：2015年SSM調査データより算出

注：**は1%水準で有意、*は5%水準で有意、#は有意差なし

のあいだの所得の格差を小さくすべきだ」では、ポスト戦後世代のほうが「そう思う」「どちらかといえばそう思う」の比率がやや高く、格差縮小を支持する傾向が強いことがわかる（ただし、統計学的に有意な差ではない）。

どの設問についても、大きな差があるというわけではないのだが、ポスト戦後世代は自己責任論に否定的で、格差縮小が必要だとする傾向が強く、逆に氷河期世代は、自己責任論を肯定し、格差拡大を容認する傾向が強いという点で、四つの設問に対する回答の傾向は似通っている。この二つの世代には、この点で実質的な違いがあるとみてよさそうだ。この点は、あとでみるように四つの設問への回答を合算してみると明らかになる。

世代・学歴による不公平感が強い

二〇一五年SSM調査には、「あなたは、次のような不公平が今の日本社会にあると思いますか」という表現で、領域別の不公平に対する意識をみる設問も設けられている。このうち「世代による不公平」「学歴による不公平」「正規／非正規による不公平」の三つについて、全世代を合計した回答の分布は、次のようになっている。

世代による不公平

大いにある	一一・五％	ある	五七・〇％
あまりない	二七・五％	ない	四・一％

学歴による不公平

大いにある	一九・五％	ある	六一・五％
あまりない	一六・二％	ない	二・八％

正規／非正規による不公平

大いにある	三〇・六％	ある	五八・三％
あまりない	九・二％	ない	一・九％

「大いにある」「ある」を合計すると、「世代」で六八・五％、「学歴」で八一・〇％、「正規・非正規」で八八・九％までが、こうした不公平があると答えている。とくに「学歴」と「正規・非正規」に関しては、不公平の存在が幅広く認識されているといっていいだろ

図表4-2 格差に対する意識の世代間比較

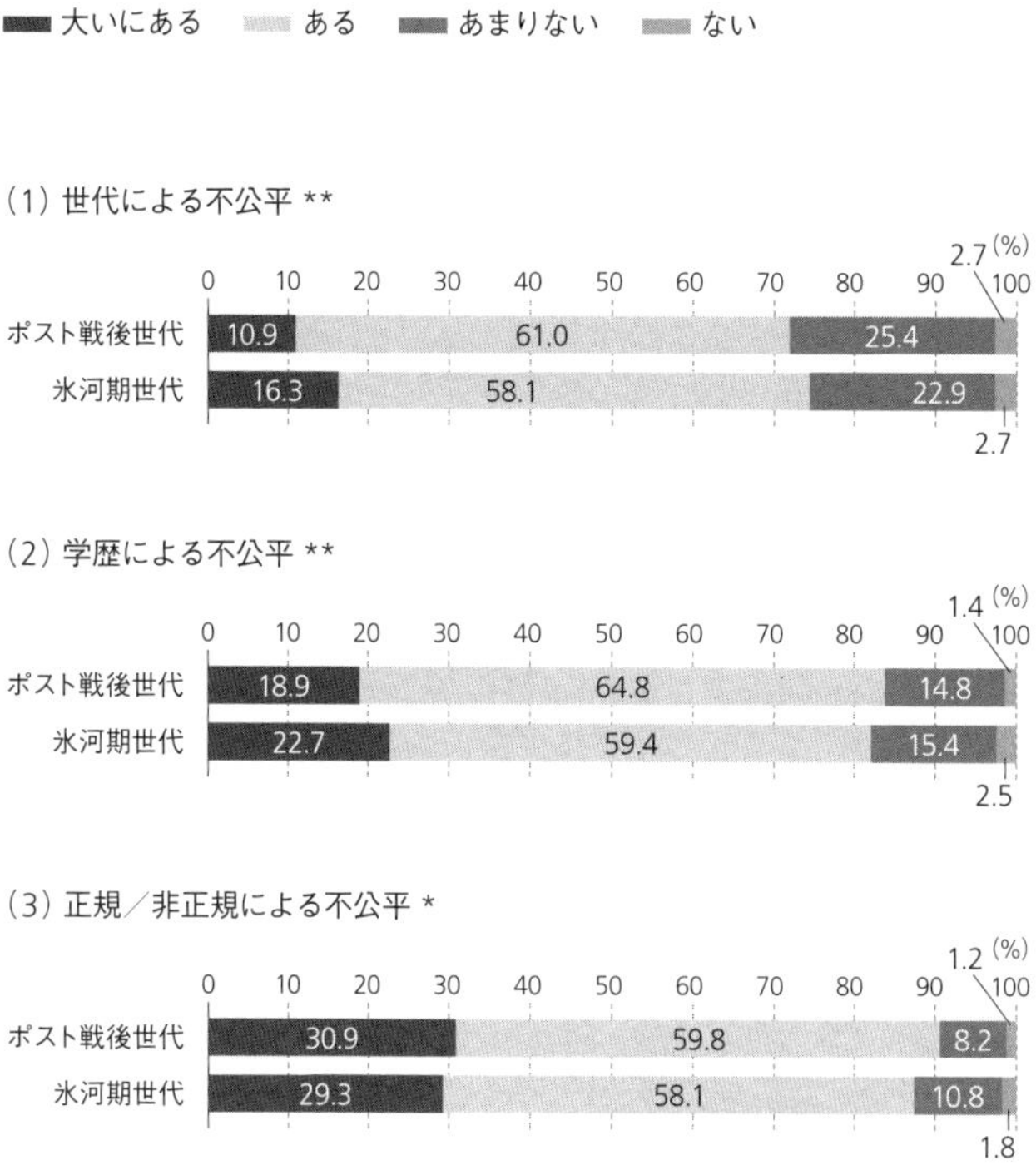

出典：2015年SSM調査データより算出
注：**は1%水準で有意、*は5%水準で有意、#は有意差なし

う。これに対して「世代」のほうは、ややはっきりしない部分があるようだ。

それでは上と同じように、これを「ポスト戦後世代」と「氷河期世代」で比較してみよう（**図表4－2**＝211ページ）。

「世代」による不公平については、両者の差がかなりはっきりしている。氷河期世代は「大いにある」が一六・三％、「ある」を含めると七四・四％までが世代による不公平の存在を意識しているのに対して、ポスト戦後期世代では「大いにある」が一〇・九％にとどまっている。「ある」を含めれば七割は超えるのだが、かなり違うといっていいだろう。やはり氷河期世代は、世代による不公平を他の世代以上に意識しているようだ。「学歴」による不公平についても、「世代」ほど顕著ではないものの、「大いにある」に注目すれば、氷河期世代のほうが強く意識しているという結果になった。先にみたように、就職氷河期は大卒者より高卒者に強いインパクトを与えたということが反映されているのだろう。

これに対して「正規／非正規」による不公平に関しては、意外にもポスト戦後世代のほうが強く意識しているという結果になった。差は大きくないが、統計学的には有意である。しかしこれについては、雇用形態別にみる必要があるだろうから、あとで詳しく検討しよう。

3．氷河期世代の政治意識

政治的な当事者意識は強くない

二〇一五年SSM調査には、政治に対する関心や支持政党などに関する設問がいくつかある。そのうち主要な三つについて、全世代を合計して回答の分布をみておこう。三つ目の支持政党に関する設問の回答では、政党を自民党とその他に二分類している。

問．あなたは、政治にどの程度関心がありますか。

非常に関心がある　一〇・〇%　ある程度関心がある　五二・二%

あまり関心がない　三一・三%　全然関心がない　六・五%

問 あなたはふだん次のような活動をどの程度していますか。
国政選挙や自治体選挙の際の投票
いつもしている　五三・一％　よくしている　二〇・八％
ときどきしている　一四・六％　めったにしない　七・九％
したことがない　三・七％

問 あなたは現在、何党を指示していますか。
自民党　二八・九％　その他の政党　一八・七％
支持政党なし　五二・五％

政治に対して、「非常に関心がある」あるいは「ある程度関心がある」という人は、六二・二％である。投票については、「いつもしている」という人が五三・一％、「よくしている」という人が二〇・八％だった。二〇一七年の衆議院選挙の投票率が五三・七％、二〇一九年の参議院選挙の投票率が四八・八％だったことを考えると、「いつもしている」という人が多すぎるようにも思えるが、投票に行くという人は、この種の社会調査にも協力的であることが多いので、こういう数字になるのだろう。支持政党については、自民党が二八・九％、その他の政党が一八・七％、支持政党なしが五二・五％という結果だった。

この回答を、ポスト戦後世代と氷河期世代で比較したのが、**図表4－3**（216ページ）である。いずれも、かなりはっきりした差が認められた。

氷河期世代は、ポスト戦後世代に比べて政治への関心が低い。「非常に」と「ある程度」の合計でみると、七・四％の差がある。また投票行動にもかなりの違いがあり、氷河期世代はポスト戦後世代に比べて、「いつもしている」が七・四％少なく、「よくしている」も三・五％少ない。そして支持政党は、自民党は一％ほど低いだけだが、その他の政党は一二・四％とポスト戦後世代より四％低く、支持政党なしが六四・七％と、三分の二近くに上っている。

もちろん、一般に年齢が若いほど政治に対する関心は低く、無党派層の比率は高くなる傾向があるから、二つの世代の差はこうした一般的傾向の反映にすぎないのかもしれない。しかし少なくとも氷河期世代に、就職氷河期という厳しい経験をしたこと、そして他の世代以上の内部に格差を抱えているということによる、政治的な当事者意識が強いとはいえないようである。

図表4-3　政治への関心と支持政党

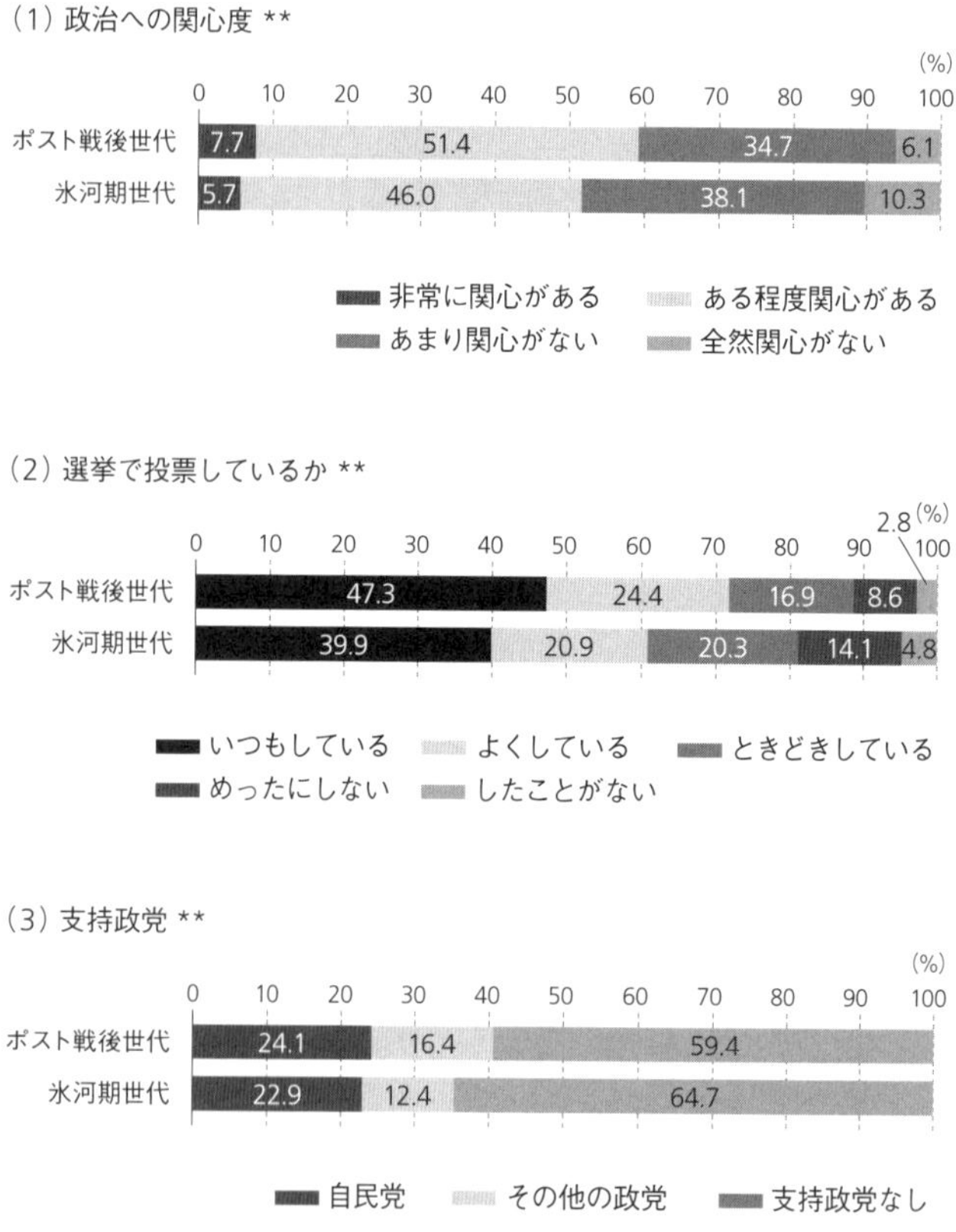

出典：2015年SSM調査データより算出
注：**は1%水準で有意、*は5%水準で有意、#は有意差なし

4. 格差是正をめぐる世代内対立

アンダークラスとパート主婦と専業主婦は自己責任論に否定的

先にみたように、氷河期世代はポスト氷河期世代に比べて、格差を容認する傾向が強い傾向がある。しかし格差に対する意識は、所属階級によって大きく異なる。**図表4－4**（218ページ）は、**図表4－1**（208ページ）に示した設問のうち二つについて、階級による違いをみたものである。

（1）は、自己責任論に対する賛否である。自己責任論を肯定する傾向は、まず資本家階級、次いで旧中間階級で強い。いずれも、自分で事業を営む人々である。経営者が努力すれば事業は成功するが、努力を怠れば失敗するということを、身をもって経験し、結果として事業を継続できている人々だからこそ、自己責任論に肯定的になるのだろう。しかし

図表4-4　格差に対する意識と所属階級（ポスト戦後世代と氷河期世代）

■ そう思う　■ どちらかといえばそう思う
■ どちらともいえない　■ どちらかといえばそう思わない　■ そう思わない

（1）チャンスが平等にあたえられるなら、
競争で貧富の差がついてもしかたがない

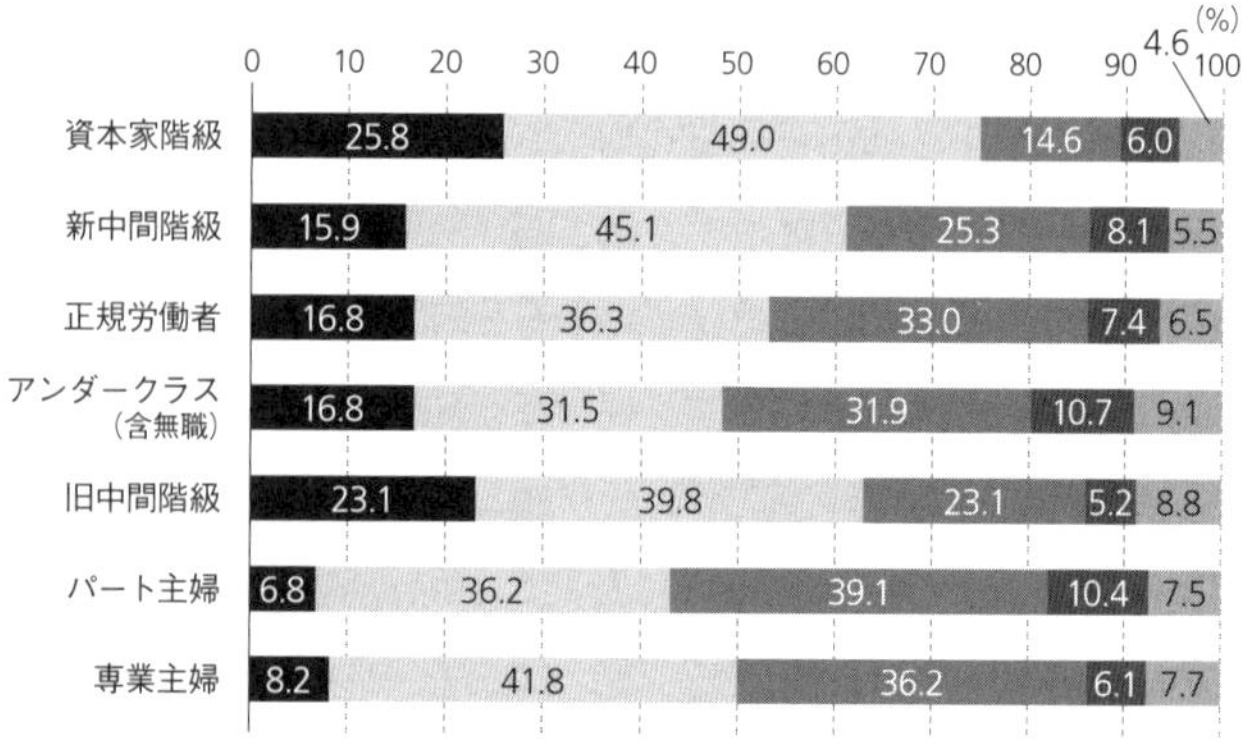

（2）競争の自由をまもるよりも、格差をなくしていくことの方が大切だ

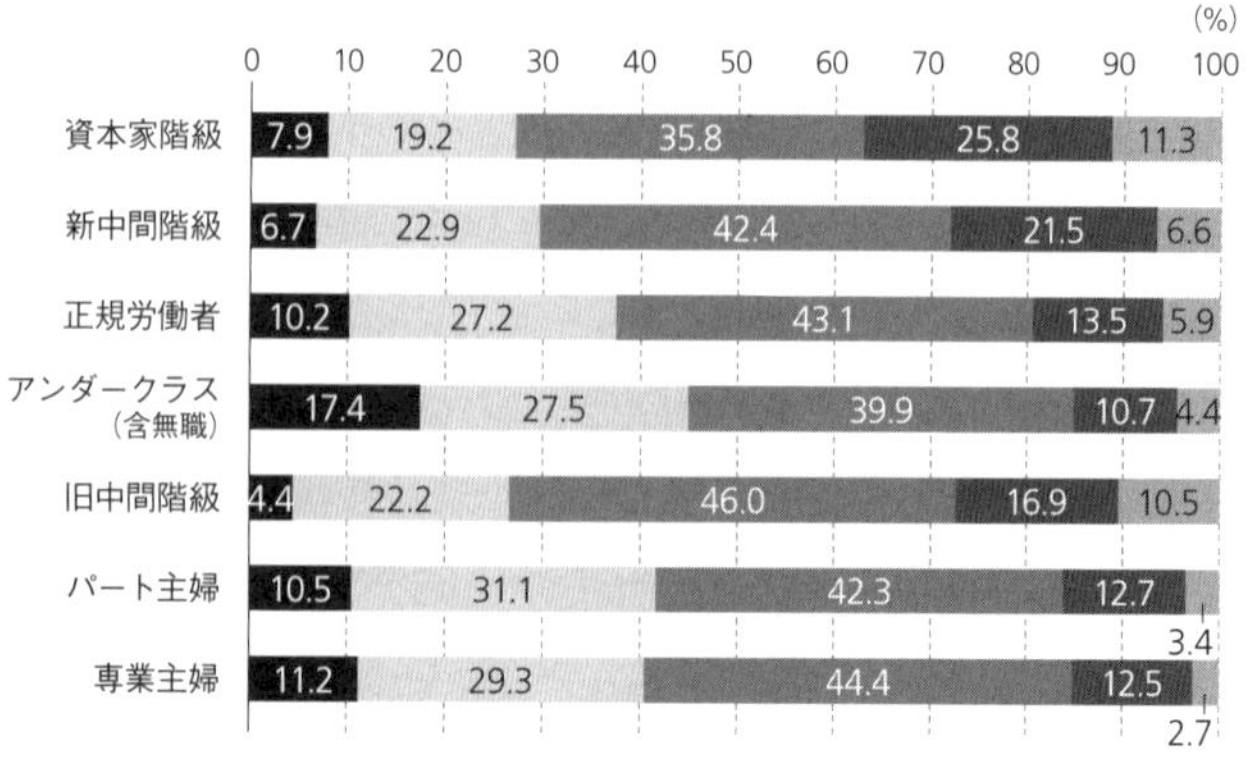

出典：2015年SSM調査データより算出
注：集計対象は「ポスト戦後世代」と「氷河期世代」

新中間階級も、「そう思う」「どちらかといえばそう思う」の合計でみれば旧中間階級と大差がない。

正規労働者は、自己責任論的な傾向がやや弱い。しかし何といっても、自己責任論に否定的なのはアンダークラスと、パート主婦、専業主婦である。アンダークラスは「そう思う」の比率は新中間階級や正規労働者と同じくらいなのだが、「どちらかといえばそう思う」が少なく、「どちらかといえばそう思わない」「そう思わない」が明らかに多い。そしてパート主婦と専業主婦は、「そう思う」が一ケタ台と極端に少ない。パート主婦はアンダークラスは、自分の貧しさを、競争の結果だから仕方がないとは考えない。アンダークラスの同僚たちでもあり、自分自身が貧しいとは限らないが、貧しい人びとに共感するのだろう。専業主婦も、パート主婦と感覚を共有しているようだ。

（2）は、自由競争より格差是正を優先するという考え方を支持するかどうかを問うものである。自由競争よりも格差縮小を明確に優先するのは、アンダークラスである。「そう思う」が一七・四％で、「どちらかといえばそう思う」を加えると四四・九％に達する。これに対して「そう思わない」はわずか四・四％で、「どちらかといえばそう思わない」を加えても一五％程度に過ぎない。よく似た傾向を示すのは、やはりパート主婦と専業主婦である。「そう思う」こそ一〇－一一％と多くはないが、「どちらかといえばそう思う」を加えればアンダークラスと同様に四割を超え、「どちらかといえばそう思わない」「そう思わない」もアンダークラスと同じくらいにとどまる。これに対して自由競争を支持するのは、やはり資本家階級、そして旧中間階級だが、ここでは新中間階級が旧中間階級とほぼ足並みを揃えている。正規労働者は、中間的である。

このように格差に対する意識は、所属階級によって異なる。アンダークラスと主婦は自己責任論に否定的で、格差の縮小を望む傾向がある。資本家階級と新旧二つの中間階級は、自己責任論を肯定し、格差縮小よりも自由競争を優先させようとする傾向がある。正規労働者は、中間的である。

ネオリベ度指数が高い氷河期世代

それではこのような階級による違いは、ポスト戦後世代と氷河期世代で同じだろうか。氷河期世代には、この点で何か特徴がないだろうか。たとえば就職氷河期という共通の経験をしたことによって、階級による格差に対する意識の違いが小さくなったなどということはないだろうか。この点について検討するためには、**図表4－1**（208ページ）に示した四つの設問を用いて、**図表4－4**（218ページ）のように階級ごとに回答を比較するグラフを、さらに二つの世代について作ればいいのだが、これでは複雑になりすぎる。そこで次のように、シンプルな比較を行なってみよう。

図表4－1に示した四つの設問は、「チャンスが平等にあたえられるなら、競争で貧富の差がついてもしかたがない」「今後、日本で格差が広がってもかまわない」では、「そう思う」が自己責任論や格差容認の傾向を、反対に「競争の自由をまもるよりも、格差をなくしていくことのほうが大切だ」「富む者と貧しい者とのあいだの所得の格差を小さくすべきだ」では、「そう思わない」が自己責任論や格差容認の傾向を示すように作られている。そこで、前二つの設問では回答を、「そう思う」に四点、「どちらかといえばそう思う」に三点、「どちらともいえない」に二点、「どちらかといえばそう思わない」に一点、「そう思わない」に〇点を与える形で得点化する。あと二つの設問については、反対に「そう思う」に〇点、「どちらかといえばそう思う」に一点、「どちらともいえない」に二点、「どちらかといえばそう思わない」に三点、「そう思わない」に四点を与える形で得点化する。これらを合計すれば、それぞれの回答者の自己責任論・格差容認の傾向の強さを得点化したことになる。このままだと満点は一六点、最低点は〇点となるが、これではわ

かりにくいので一〇点満点に換算する。これは自由競争と自己責任論の立場に立って格差拡大を容認する、新自由主義的な傾向の尺度になっているから、ネオリベラリズム度指数、略して「ネオリベ度指数」と呼ぶことができる。

次に階級分類だが、すでにアンダークラス、パート主婦と専業主婦、正規労働者、そして資本家階級と新旧中間階級というのが、働き方とネオリベ度の異なる四つのグループらしいということがわかっているので、階級分類を四分類に簡略化することにする。パート主婦と専業主婦はまとめて「主婦」、資本家階級と新旧中間階級はまとめて「その他の有業者」と呼ぶことにする。

こうして四つのグループのネオリベ度の違いが、ポスト戦後世代と氷河期世代とでどのように違っているかを示したのが、**図表4－5**である。結果は、かなり鮮やかであり、受け止め方によってはショッキングである。

ポスト戦後世代では、いちばんネオリベ度の高いのが「その他の有業者」で、次が正規労働者、そしてアンダークラス、主婦の順である。最高と最低の差は、〇・八四点である。アンダークラスより主婦のほうがネオリベ度がかなり低いというのは、ちょっと意外である。

図表4-5 階級とネオリベ度の関係の世代間比較

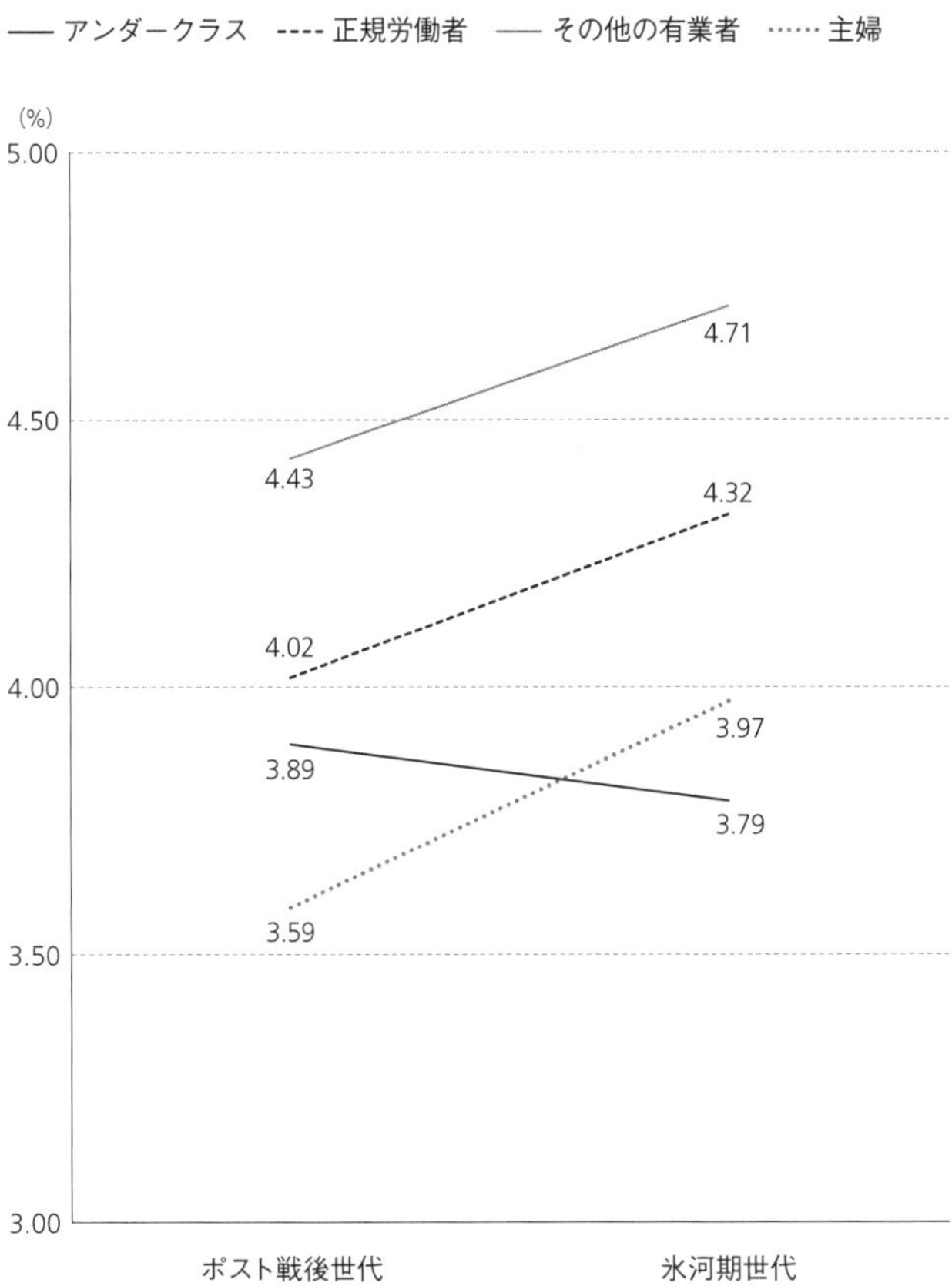

出典：2015年SSM調査データより算出

それでは、氷河期世代はどうか。アンダークラスはネオリベ度が三・七九点で、ポスト戦後世代より低くなっている。これに対してアンダークラス以外の三つのグループは、一様にポスト戦後世代よりネオリベ度が顕著に高くなっている。正規労働者は、ポスト戦後世代ではアンダークラスにかなり近かったが、氷河期世代ではアンダークラスを置き去りに一気にネオリベ度を高めてしまった。主婦もネオリベ度を高め、アンダークラスを追い抜いてしまった。三・九七点と、依然としてアンダークラスに近い水準にあるから、アンダークラスと対立するようになったとまではいえないが、上昇幅は〇・三八点とかなり大きい。そして、最高の「その他の有業者」と、最低の「アンダークラス」の差は〇・九二点へと拡大した。就職氷河期という特殊な経験を共有する氷河期世代は、その経験から格差に対する考えを共有するようになるどころか、「アンダークラス」対「それ以外」という対立関係を、内部に形成してしまっているようなのである。

ネオリベ度指数に加工する前の集計結果を、ひとつ紹介しておこう。**図表4－6**は「富む者と貧しい者とのあいだの所得の格差を小さくすべきだ」についての回答を、階級別に世代間比較したものである。アンダークラスは、明らかにポスト戦後世代より氷河期世代で「そう思う」「どちらかといえばそう思う」の比率が高い。ところがその他の人々では、

図表4-6 富む者と貧しい者とのあいだの所得の格差を小さくすべきだ

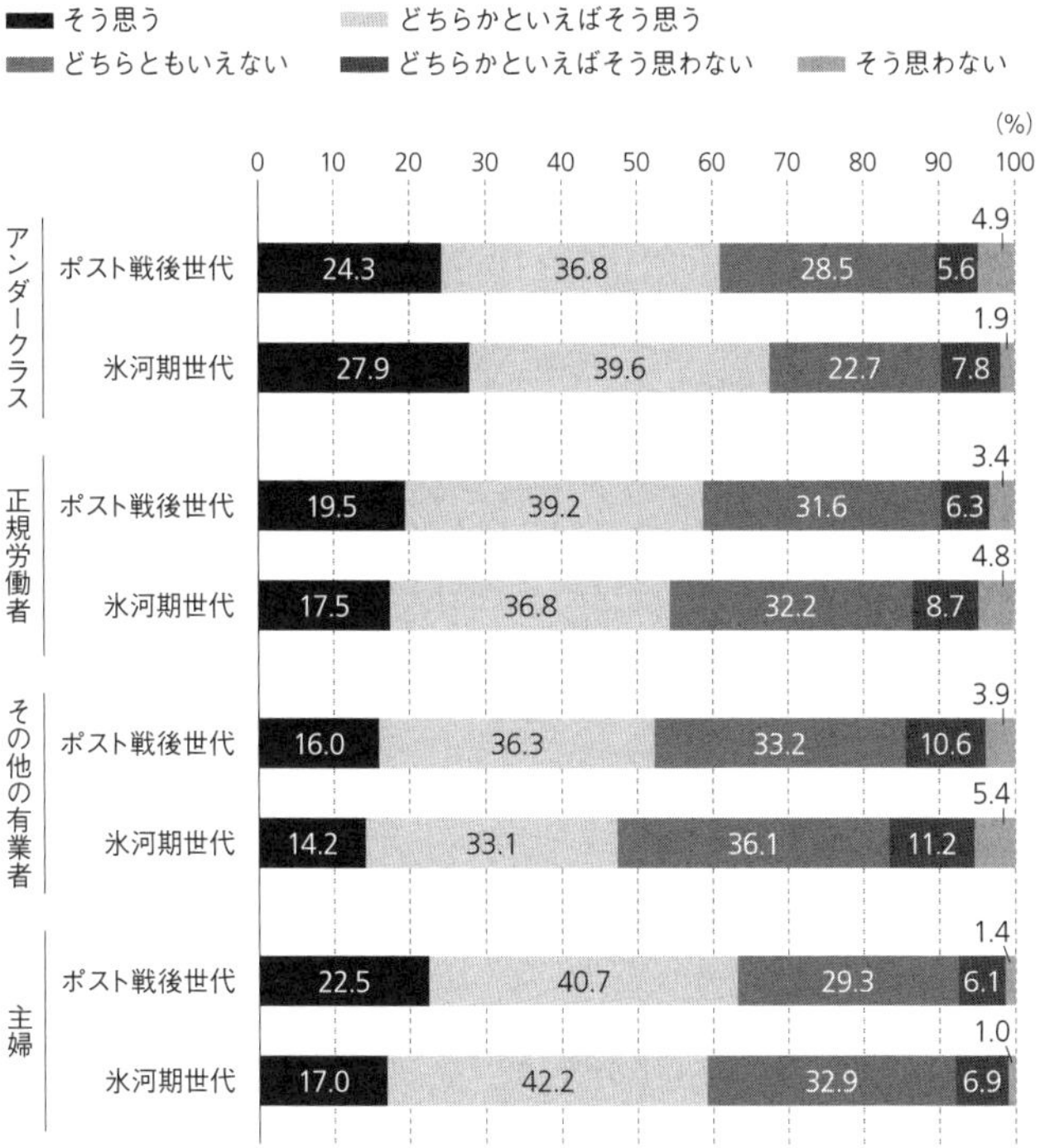

出典：2015年SSM調査データより算出

いずれもポスト戦後世代より氷河期世代で「そう思う」「どちらかといえばそう思う」の比率が低い。アンダークラスの氷河期世代は、格差の是正を望んでいる。ところがアンダークラスになることを免れた氷河期世代は、自分たちとアンダークラスの格差が、このままであってほしいと望んでいるかのようである。

5. 政治に声が届かない

支持政党のない氷河期世代アンダークラスは、政治に見放される

格差に対する意識のこのような違いは、氷河期世代の政治意識と密接に関係している。これを政党支持の側面からみていこう。

図表4－7（228ページ）は、所属階級と支持政党の関係を、世代別にみたものである。先に氷河期世代は、ポスト戦後世代に比べて支持政党のある人の割合が低く、とくに自民党以外の政党を支持する人が少なく、無党派層が多いことをみた。この傾向がもっとも著しいのは、アンダークラスである。ポスト戦後世代に比べると自民党支持率は三％ほど低いが、その他の政党の支持率は六・五％も低く、支持政党なしが一〇％近く多くなっている。正規労働者は両世代の違いが小さく、自民党支持率はほぼ同じで、その他の政党の支

図表4-7　支持政党の世代間比較

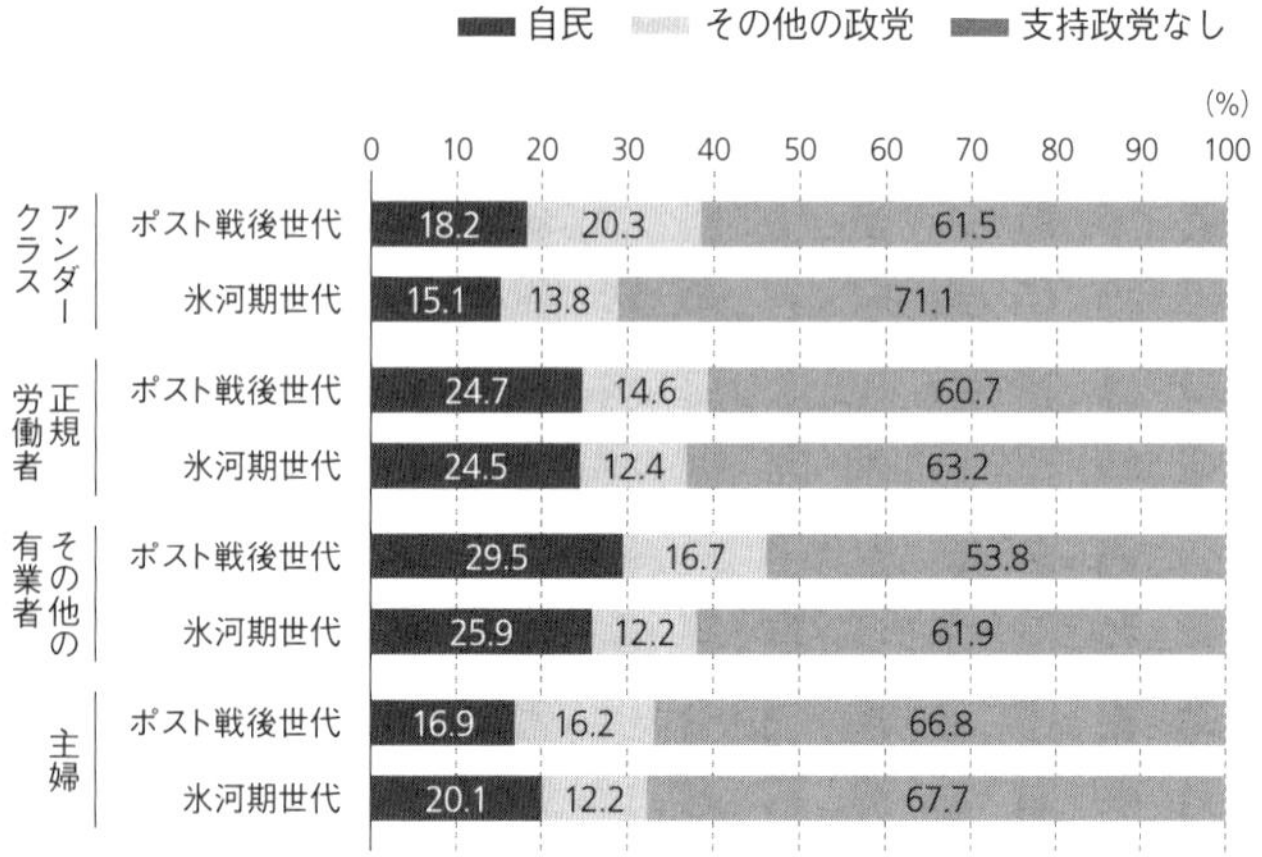

出典：2015年SSM調査データより算出

持率は二%ほど低い。その他の有業者では、自民党支持率とその他の政党の支持率が、それぞれ三―四%程度低くなっている。これに対して主婦は、自民党支持率が三%ほど高くなり、その他の政党支持率は四%低くなっている。

アンダークラスの無党派層は、七割を超えている。自民党支持率とその他の政党の支持率の差はわずか一%程度と他に比べて大幅に小さいから、自民色が薄いということはできるかもしれないが、かといってその他の政党の支持率は一三・八%に過ぎず、他の人々より一―二%高いだけである。

この背景には、自己責任論を否定し、格差縮小を求める傾向が、政党支持に結びついていないという現実がある。

そもそも人々は、どのようにして支持政党を決めるのだろうか。古くから有力なのは、所属階級によって決まるという仮説である。それぞれの政党は、特定の階級の利害を代表しており、このことによって階級の人々を組織化し、支持基盤にしているというのである。これはもともと、二大政党制が成立することの多かった西欧で有力だった仮説だが、かつては日本でも、企業や自営業者の団体を支持基盤とする自民党と、労働組合を支持基盤とする日本社会党（現・社会民主党）などの野党という図式が、かなりの程度に成立していた。

しかし近年では、階級と政党の結びつきは弱くなってきたという説が有力である。もっとも現在でもひとつの有力な要因であることはまちがいない。しかし以前に比べれば、その対応関係は大幅に弱まっている。

この点について社会学者の米田幸弘は、興味深い仮説を提示している。格差を容認する新自由主義的なイデオロギーをもつ人々ほど自民党を支持するという傾向が、近年強まっているのではないかというのである。そしてデータ分析の結果、二〇〇五年と二〇一五年を比較した分析から、年齢や職業、生活満足度などと自民党支持率の関係がいずれも弱まっているのに対して、先に示した「今後、日本で格差が広がってもかまわない」という主張を支持する傾向と自民党支持率の関係だけは、飛躍的に強くなっていることが明らかになった[*1]。

　そこでポスト戦後世代と氷河期世代の二つの世代について、ネオリベ度を四段階に分けて、それぞれの支持政党をみたのが、**図表4―8**である。たしかに両世代とも、ネオリベ度が高くなるほど、自民党支持率は高くなっている。その差はかなり大きく、ネオリベ度の高い人の自民党支持率は、ネオリベ度の低い人に比べて、ポスト戦後世代では約二三%、氷河期世代でも約一七%高くなっている。自民党は、自己責任論を支持し、格差を容認する人々の支持を獲得することに成功しているようだ。

　ところが、それではネオリベ度が低い人々は他の政党を支持しているのかというと、こちらは必ずしもはっきりしない。他の政党の支持率は、たしかにネオリベ度の高い人々よりは高いが、ポスト戦後世代で二四・六%、氷河期世代では一七・四%にとどまっている。とくに氷河期世代では、ネオリベ度の高い人との差はわずか五%にすぎない。この結果、ネオリベ度の低い人ほど、支持政党なしの比率が高くなっていく。自民党以外の政党は、自己責任論を否定し、格差縮小を求める人々の支持を獲得することに必ずしも成功していないのである。このことは、ポスト戦後世代以上に、氷河期世代ではっきりしている。

図表4-8 ネオリベ度と支持政党の関係・世代別

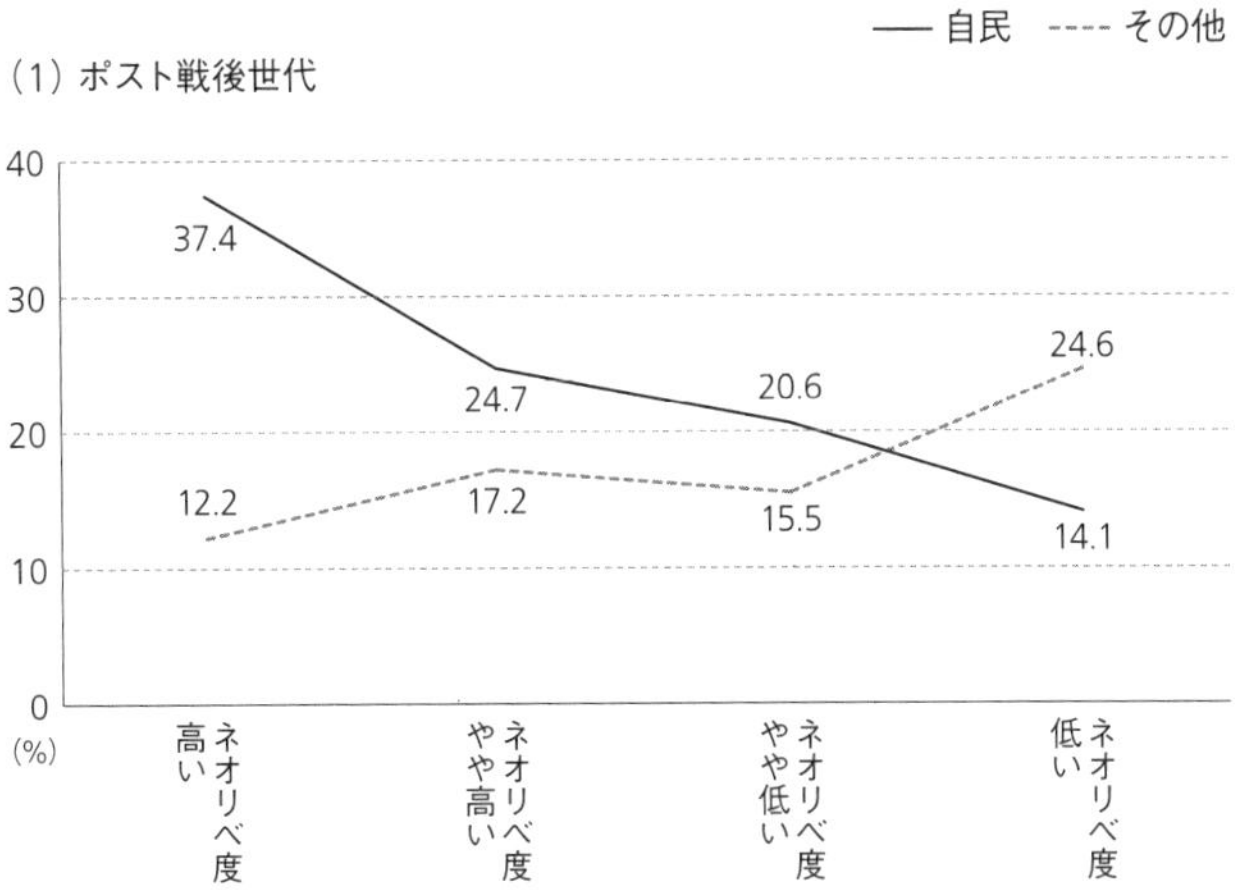

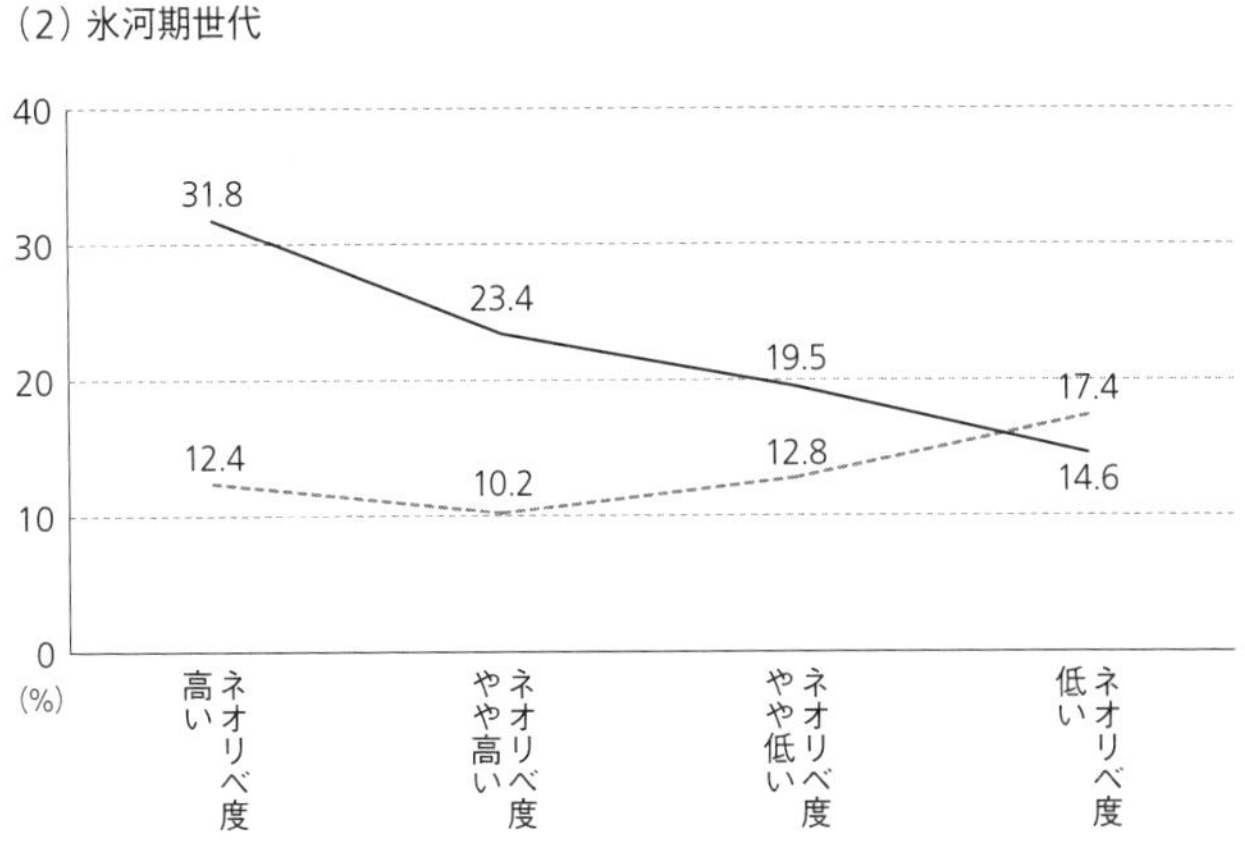

出典:2015年SSM調査データより算出 注:「ネオリベ度高い」は5.5点以上、「ネオリベ度やや高い」は4点以上5.5点未満、「ネオリベ度やや低い」は2点以上4点未満、「ネオリベ度低い」は2点未満

氷河期世代には、どの政党も支持しない人が多い。ネオリベ度が高い人は自民党を支持する傾向が強いが、そうでない人は、どこの政党も支持しない。支持政党のない人は選挙で投票しない可能性が高いから、政治に声が届かない。だから自己責任論を否定し、格差縮小を望む氷河期世代アンダークラスの声は、政治に届かない。結果的に彼ら・彼女らは、政治から見放されることになるのである。

6. 氷河期世代に希望はあるか

就職氷河期が、氷河期世代の主流派と反主流派の溝を生んだ

私たちは、氷河期世代のなかから、格差拡大や貧困の増大を憂慮し、これを克服するための活動を展開して、実際に社会に大きな影響を与えてきた人々が、たくさん登場してきたことを知っている。多くの氷河期世代が、非正規労働者の労働運動を組織し、また支援してきた。貧困に陥った人々を援助し、その生活を支援したり、行政にさまざまな要求を突きつけたりする活動を展開してきた。反原発運動や平和運動に立ち上がった人々も、多かったように思う。この世代の人々が、就職氷河期に卒業を迎えたために多くの困難に直面したこと、貧困に陥りやすかったこと、格差拡大の影響をもろに受けたことは間違いがない。したがって氷河期世代の人々が、その経験から格差拡大の克服に向けて立ち上がる

というのは、たしかに起こりそうなことであり、期待していいように思われる。

しかし現実は、それほど単純ではない。実際には氷河期世代は、その上の世代以上に自己責任論を受け入れる傾向が強く、格差拡大を容認する傾向があり、格差縮小に積極的ではない。世代間格差には敏感な部分もあるが、正規雇用と非正規雇用の間の格差については、必ずしも敏感ではない。そして政治への関心は高くないし、政治参加に積極的とはいえない。そして格差拡大を放置し、また氷河期世代の困難をも同様に放置してきた自民党を支持する傾向も、ある程度まで強い。

さらに重要なことに、氷河期世代は、いわば主流派と反主流派に分裂する傾向がある。主流派とは、就職氷河期にもかかわらず安定した職を得た人々であり、反主流派とは安定した職を得ることのできなかったアンダークラスである。前者は自己責任論の立場に立ち、格差拡大を容認し、アンダークラスへの共感を拒否する。後者は自己責任論を否定し、格差縮小を求めているが、政治参加には後ろ向きで、その声は政治に届かない。就職氷河期という厳しい経験が、むしろ両者の間に溝を生み出したようにさえ思われる。

そうするうちに、氷河期世代はもうすぐ、高齢期を迎える。その先に待っているのは、どのような社会なのだろうか。終章では、この点について考えてみたい。

終章

日本の前にある二つの道

1. 最悪のシナリオ

一二〇〇万人を超えるアンダークラス

フリーター第一世代が高齢者となり、氷河期世代が四〇歳代後半から五〇歳代になる二〇三〇年、そしてそれ以後の日本では、何が起こるのだろうか。放置すれば避けることのできない格差拡大と貧困の増大に対して、有効な手立てが打たれなかった場合の結末、つまり最悪のシナリオを、これまでの研究やデータにもとづいて予測してみよう。

二〇二〇年現在、アンダークラスは約一二〇〇万人だった。序章でも述べたように、この規模は今後、ほぼ一定で推移するのではないかと思われる。既存の正規労働者の非正規労働者への置き換えは、すでに極限にまで到達しており、非正規労働者の増加のペースは鈍っている。役員を除く被雇用者に占める非正規労働者の割合は、たとえば卸売・小売業では五〇%、宿泊・飲食サービス業では七五%を超えている。これらの産業は、あまりの低賃金もあって非正規労働者を集めることが困難になっており、大量に外国人労働者を導入するなどということをしない限り、非正規労働者比率が大幅に上昇するということは考えにくくなっている。

ただし、不確定要因がある。コロナ禍の影響である。二〇二〇年七月の労働力調査によると、緊急事態宣言下の四月に比べれば回復したとはいえ、就業者数は六六五五万人と前年同月比で七六万人減少している。内訳をみると、正規労働者が五二万人増加したのに対して、非正規労働者は一三一万人の減少で、非正規労働者が「調整弁」として雇用を奪われる一方で、正規労働者の雇用が守られた構図となっている。しかし、このままで済むとは考えにくい。実はリーマン・ショック後の二〇〇九年の場合、やはり非正規労働者は一時的には大幅に減少したのだが、すぐに回復し、二〇一〇年からは大幅に増加して、正規労働者が非正規労働者に置き換えられるようになった。今回もコロナ禍を受けて企業が正規労働者の採用に慎重になり、二、三年後には非正規労働者がさらに増加する可能性は十分にある。

現状では、企業の採用活動も、また学生・生徒の就職活動も手探りの状態にあり、すでに採用を取りやめた企業も多数に上っている。ここで第二の就職氷河期が到来し、しかも有効な手立てが行なわれなければ、アンダークラスは大幅に増大する可能性がある。しかもすでに経験しているように、いったん就職氷河期のようなことが起きれば、その影響は長きにわたって続くのである。

男性は低収入のため未婚、女性は未婚のため低収入に

氷河期世代はもうすぐ五〇歳代に突入する。しかし、そのかなりの部分は単身者で、今後も単身者だろう。とくに低所得者やアンダークラスは、単身者であり続ける可能性が高い。第2章でみたように、氷河期世代とこれに続くポスト氷河期世代は、第二次ベビーブーム世代に比べれば同年齢時の未婚率が低いものの、その差はわずかで、今後も未婚化のトレンドは変わらないだろう。なぜなら、格差拡大によって氷河期世代以後の世代では、つねに低所得者が生み出され続けると考えられるからである。

図表5－1は、職業をもつ男性の未婚率を、年間所得別・年齢別にみたものである。まずいちばん上の段で、すべての所得階級を合計した数字を確認しよう。当然ながら未婚率

図表5-1 男性の所得別・年齢別未婚率（有業者）

（%）

	20〜24歳	25〜29歳	30〜34歳	35〜39歳	40〜44歳	45〜49歳	50〜54歳
総数	93.8	72.2	45.4	31.7	26.4	22.8	17.3
50万円未満	99.5	87.8	70.3	62.1	59.0	48.5	45.4
50〜99万円	97.6	90.8	74.7	62.8	50.5	47.2	45.4
100〜149万円	96.7	88.7	78.4	68.8	56.6	46.8	42.4
150〜199万円	95.6	86.9	77.3	65.8	57.7	48.7	38.1
200〜249万円	92.7	82.8	65.6	58.9	52.9	47.8	34.6
250〜299万円	93.4	76.7	59.5	45.6	44.0	40.1	30.2
300〜399万円	89.7	70.9	47.1	36.7	33.0	31.1	22.9
400〜499万円	86.8	62.1	37.1	25.4	23.9	22.4	17.7
500〜599万円		54.8	28.2	18.7	18.5	17.4	15.5
600〜699万円		39.1	24.8	17.3	12.2	13.4	10.7
700〜799万円		40.1	27.3	12.9	8.9	10.6	10.9
800〜899万円			15.1	16.4	8.5	9.3	7.4
900〜999万円			23.2	8.8	9.7	8.1	6.3
1000万円以上			18.2	5.4	5.6	4.6	4.5

出典：2017年就業構造基本調査より

は年齢とともに低下し、二〇歳代前半の若者では九三・八％だが、二〇歳代後半では七二・二％、三〇歳代前半では四五・四％と五割を切り、三〇歳代後半では三一・七％、四〇歳代前半になると二六・四％と、約四分の一にまで低下する。

ところが未婚率は、所得によってまったく異なり、所得の低い人は、いつまで経っても未婚であり続ける傾向がはっきりしている。全体の未婚率がほぼ四分の一となる四〇歳代前半についてみれば、所得が五〇〇万円以上の人々では未婚率が二割を切っているのに対して、四〇〇万円台では二三・九％、三〇〇万円台では三三・〇％で、二五〇万円未満の場合には五割を超えている。四〇歳代後半になっても、年収三〇〇万円未満の人の未婚率は四割を超えており、一五〇万円未満だと五〇歳代前半でも四割を超えている。

もちろん未婚率は、雇用形態とも関連している。**図表5－2**は、男性の未婚率を雇用形態別にみたものである。正規雇用で働く男性の未婚率は、二〇歳代前半では九一・七％、二〇歳代後半では六九・五％だが、三〇歳代前半になると四一・〇％と大幅に下がり、以後も順調に低下して五〇歳代前半では一四・九％となる。自営業主の未婚率は、初めは正規雇用よりやや低く、四〇歳以降はやや高いが、大きな差ではない。

ところが非正規雇用で働く男性の未婚率は、三〇歳代前半では七七・七％と八割に近く、

図表5-2 男性の雇用形態別・年齢別未婚率（有業者）

（%）

	総数	自営業主	雇用者		
			総数	うち正規雇用	うち非正規雇用
20～24歳	93.8	91.6	93.9	91.7	97.2
25～29歳	72.2	66.2	72.4	69.5	87.5
30～34歳	45.4	42.2	45.4	41.0	77.7
35～39歳	31.7	30.3	31.5	27.6	70.1
40～44歳	26.4	23.3	26.4	23.2	65.2
45～49歳	22.8	24.6	22.5	20.0	57.3
50～54歳	17.3	18.9	17.0	14.9	45.8

出典：2017年就業構造基本調査より

三〇歳代後半で七〇・一%、四〇歳代前半で六五・二%となかなか低下せず、五〇歳代前半になってようやく四五・八%と五割を切る。

もちろん、なかには結婚を望まない人もいるだろうけれど、そうした人の比率が所得や雇用形態によってこれほど大きく違うということは考えられないから、その多くは、所得が低く、また職業が不安定であるために結婚できないと考えるしかない。

それでは、女性はどうか。女性の場合、豊かな家庭で過ごす無職の女性や、低所得の一般職女性が、高所得の男性と結婚するというパターンもないわけではないので、いちがいに所得が低いと結婚できないというわけではない。また結婚や出産を機にパート勤めに転

図表5-3　女性の年齢別・配偶者の有無別にみた貧困率

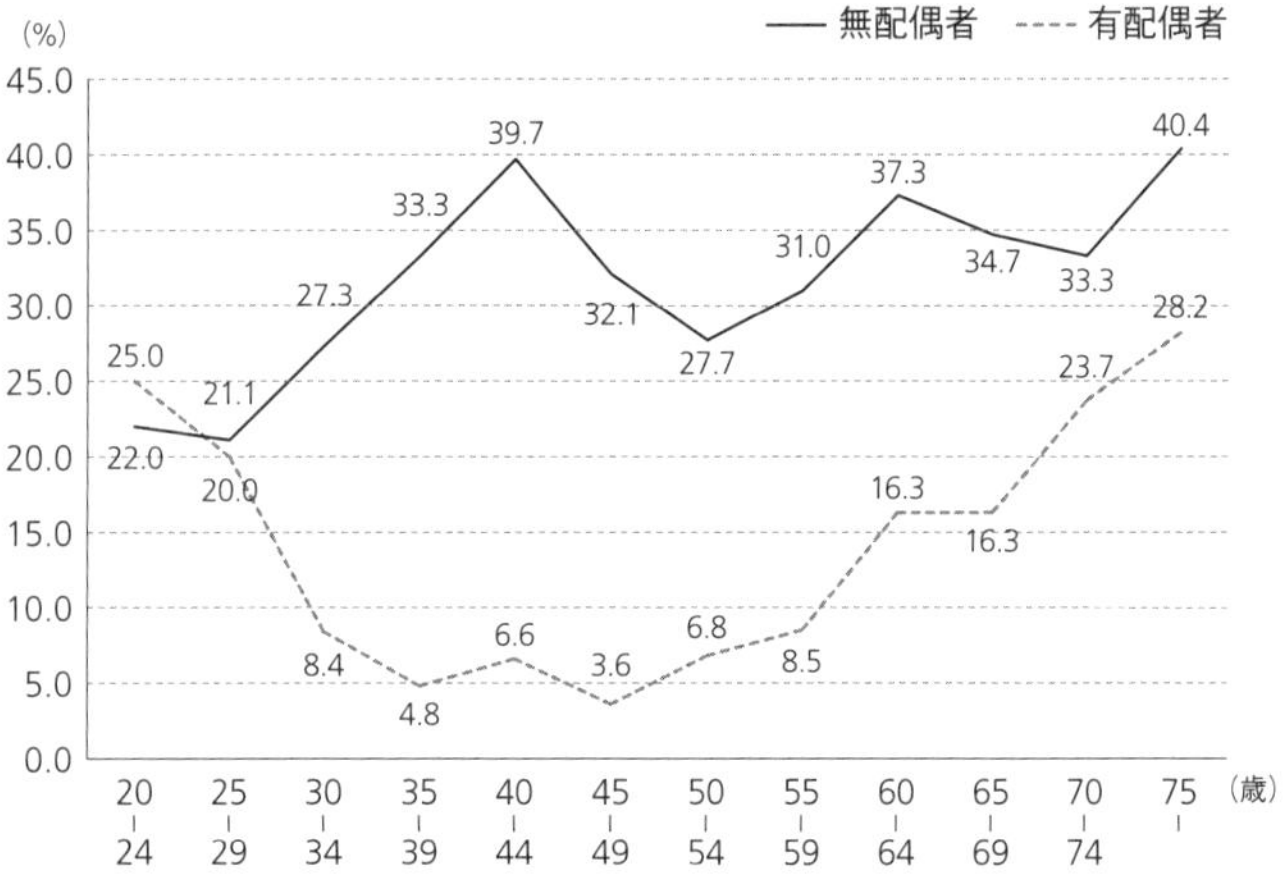

出典：2015年SSM調査データより算出

じるというケースもあるので、非正規雇用で働く人の未婚率が高いともいえない。むしろ男性とは原因と結果の関係が逆で、結婚しないでいると貧困に陥るという傾向が強い。これを確かめるため、女性の貧困率を配偶者の有無別・年齢別に示したのが、**図表5－3**である。

二〇歳代前半の若い年代に限っては、有配偶者のほうが貧困率が高い。結婚した女性が、安月給の若い夫といっしょに苦労しているのに対して、独身者の多くは、現役で働く親のもとで暮らしているからである。ところが、二〇歳代後半になると、もう逆転してしまう。そして年をとるごとに、独身女性の生活は苦しくなるばかりである。貧困率は四〇歳代前半にひとつのピークを迎えるが、シングルマザーとして子育てに苦労する女性が多いからだろう。ここを過ぎると貧困率はやや低下するが、それでも三割前後に達しており、貧困率が一ケタ台にとどまる有配偶者との差は大きい。

高齢期を迎えると、有配偶者の貧困率も上昇していくが、差はなくならない。しかも、貧困率は世帯所得をもとに計算されるので、ここには貯金の取り崩しが含まれない。有配偶者はこれまでに蓄えた貯金の取り崩しができる場合が多いので、実際に貧困状態にある人の比率は、これより低いはずである。

このように、低所得の男性は結婚できない。そして女性は、独身のままでは貧困に陥る可能性が高い。事情は少し違うが、結果は同じである。つまり、独身者には貧困層が多い。ここに、独身男女からなる巨大な下層階級が生まれることになる。

五〇歳時点での未婚者の比率を、生涯未婚率と呼ぶ場合がある。実際に計算する場合は四五－四九歳の未婚率と五〇－五四歳の未婚率の平均をとることが多いので、男性の生涯未婚率は**図表5－2**（241ページ）からちょうど二〇％くらいということになる。所得や雇用形態は変動する可能性があるので一概にはいえないが、**図表5－1**（239ページ）と**図表5－2**の数字をそのまま用いるなら、年収一〇〇万円未満の男性の生涯未婚率は約四七％、年収一〇〇－二〇〇万円の男性の生涯未婚率は約四四％、そして非正規雇用男性の生涯未婚率は約五二％ということになる。もちろん、これは非正規雇用で働いている人の数字なので、失業者・無業者を加えれば、さらに高くなるはずだ。

生涯未婚率は、上昇傾向にある。国立社会保障・人口問題研究所は、生涯未婚率は二〇三五年には男性二九・〇％、女性一九・三％にまで上昇すると予測している。[*1] 女性のほうが低いのは、比較的若いうちに離婚した男性の一部が、初婚の女性と再婚するからだろう。三割の男性が生涯未婚である以上、同じく三割の女性は安定したカップルを形成できないことになる。日本は、その人口の三割もが、主に経済的理由から安定した家族を形成できない社会になりつつあるのである。

再生産しないアンダークラス

氷河期世代はすでに三〇歳代後半以上の年齢になっている。これから子どもをもつ可能性は小さいだろう。社会学者で自身も氷河期世代の貴戸理恵は、氷河期世代のことを「非正規雇用率が高く、未婚率が高く、子どもをもつことも少なかった世代である」と、過去形で書いている。[*2] すでに手遅れで、少なくとも少子化に関しては、対策のほどこしようはない。

しかし、その下に位置するポスト氷河期世代の状況も、基本的には変わらない。**図表5－1**（239ページ）と**図表5－2**（241ページ）でみたように、二〇歳代後半や三〇歳代前半のポスト氷河期世代でも、すでに所得と雇用形態による未婚率の違いはかなり大きくなっている。

いま、まだ若いといえる年齢にあるポスト氷河期世代のアンダークラスが、その境遇から脱出できないとしたら、彼ら・彼女らを待ち受けているのは、二通りの未来である。

ひとつは、独身のまま低賃金労働を続け、そのまま老後を迎えるというものである。おそらく最大多数のアンダークラスは、氷河期世代と同様にこの道をたどるだろう。

人々が結婚するなどして次世代を育み育て、新しい労働力を形成することを、経済学や社会学では「再生産」という。人間の寿命には限界があり、人はいつかは老いて死んでいく。しかし、人はそれまでの間に次世代の労働力を形成することができる。つまり、人間を再生産する。こうして人間社会は存続していく。

子どもを産み育てるためのコストは、社会が存続するのに必要不可欠なものである。社会は、何らかの形でこのコストを負担しなければならない。だからこそ序章でも述べたように、賃金は子どもを産み育てるのに最低限必要な金額より多くなければならない。実際、正社員の賃金は、こうした水準をおおむね保ってきた。

ところが現代のアンダークラスは、もともと再生産の費用を含むことなど想定されていない賃金体系のもとで働いている。だから、再生産がきわめて困難な状態にある。その多くは子孫を残すことがない。つまりアンダークラスは、再生産しない。

再生産しないアンダークラスは、企業にとって便利な存在である。必要に応じて活用できる安価な道具であり、しかも再生産のためのコストを支払う必要がない。農作物ならば、市況によって多少の変化があるとしても、基本的にその価格には、種子を保存し肥料を買うなどして次の年に備えるための費用、つまり再生産のための費用が含まれるはずである。ところがアンダークラスの賃金には、このような費用すら含まれていない。まさに、消耗品として扱われているのである。

しかしこのことが、社会の存続を困難にしていく。次世代の労働力が、生み出されなくなるからである。すでに日本では少子化のトレンドが四〇年以上にもわたって続き、労働力不足が深刻になり始めている。つまり費用を節約して利益を増やそうとするという、それ自体は経済合理的な個別企業の行動が、社会に危機をもたらすのである。

貧困は連鎖する

アンダークラスの若者たちのもうひとつの道は、結婚して子どもをもつことである。ただしアンダークラスは、アンダークラス同士で結婚する傾向がある。社会学者の太郎丸博によると、これにはいくつかの理由がある。

ひとつは、ライフスタイルの違いである。人々は、自分と同じライフスタイルをもつ相手と結婚することを望む傾向がある。ところがライフスタイルは雇用形態と関連しているので、非正規雇用者と正規雇用者の結婚は起こりにくいのである。もうひとつは交際圏、つまり人々が出会い、交際する範囲の違いである。正規雇用者と非正規雇用者は、交際圏が異なっている。正規雇用者は正規雇用者と出会う機会が多いのに対して、非正規雇用者は非正規雇用者と出会う機会が多く、正規雇用者と出会う機会は限られる。事実、**図表3－4**（164ページ）でみたように、正規雇用の新中間階級や労働者階級は非正社員の少ない職場で働き、アンダークラスは非正社員の多い職場で働く傾向が強い。このため、非正規雇用者は非正規雇用者と結婚しやすくなるのである。また人々は同じ学歴の相手と結婚する傾向があるが、非正規雇用者は学歴が低いことが多い。このため学歴の低い者どうしが結婚し、結果的にその子どもたちも非正規雇用者どうしが結婚しやすくなるという可能性もある。[*3]

低賃金のアンダークラスでも、二人で収入を持ち寄れば、少しは生活に余裕ができるかもしれない。子どもを産み育てることも可能になるかもしれない。実際、最近の若い世代では、低所得の夫婦のほうが出生率が高いという傾向がみられるようになってきている。[*4]こうして、一部のアンダークラスはアンダークラスのままで世帯を形成するが、その生活は楽ではない。教育費の負担は難しいから、子どもの教育達成は難しく、結果的に子どもも非正規雇用者となり、貧困が次の世代にまで持ち越されていく可能性が高い。つまり、貧困連鎖である。

技能形成の危機と労働意欲の崩壊

非正規雇用の拡大は、企業の短期的利益にはプラスに働くかもしれないが、社会全体に危機的状況をもたらす。しかし個別企業にとっても、都合のいいことばかりではない。人を低賃金で報われることのない労働に従事させたツケが、いずれは回ってくる。

企業は非正規労働者に、特別の技能を身につけさせようとしない。雇用は一時的なものにすぎないから、コストをかけて技能を身につけさせても、結局は活用せずに終わる可能性がある。すると、コストが回収できない。そのようなムダを、企業は徹底的にきらうのである。

かつて日本の企業は、入社したばかりで賃金の低い社員に訓練をほどこし、さまざまな技能を身につけさせていた。年功制でいずれは賃金が高くなっていくのだから、その賃金に見合う働きができるようになってもらわなければならない。だから企業は、若者たちを鍛え上げて、高い費用を支払っても、十分にもとがとれるだけの人材に育て上げたのである。その前提にあったのは、定年まで働くことを前提とした長期安定雇用だった。

このような人材養成のシステムが、長い間、日本の企業の強みだとされていた。たしかに硬直的で、経済の変動に対応しにくい面はあったかもしれないが、これが日本企業の技術力を支えていた。

非正規労働者が増えているということは、このようにして技能を身につける機会のない労働者が増えているということである。このことが、日本の労働者の平均的な技能水準を低下させている。

しかも、このような技能水準の低下は、取り返しがつかないものである。なぜなら、技能がいちばん身につくのは若い時期だからである。この大切な時期に訓練を受けなかった人々を、中高年になってから訓練するというのは難しい。一度下がってしまった技能水準は、容易なことでは回復できないのである。

しかもこのように技能形成が十分行なわれない傾向は、氷河期世代では正社員にも共通のことだったらしい。連合総研の就職氷河期世代研究会の調査によると、氷河期世代は、二〇歳代のころに、「上司や先輩からの指導」や「勤め先での訓練プログラムや教育プログラム（社内研修など）」を、十分に受けたとする人が少なく、「あまり受けなかった」「まったく受けなかった」とする人が多かった。そしてこの傾向は、就職活動で「大変苦労した」という人、そして最初の就職が非正社員だった人に顕著で、これらの人々の離職率は高かった。報告書は、このことが氷河期世代の賃金が前の世代に比べて低いという結果をもたらしたのではないかと指摘し、「氷河期世代の遺した教訓とは、若年時の就業に関する困難が、その後の長期にわたる人生設計や生活に対して持続的な影響を及ぼし続けるという事実であった」と結論している。*5

技能が失われるとともに、労働に対する意欲も失われていく。第3章でも論じたように、もともと資本主義社会は、労働に対する意欲が失われやすい宿命を負っている。「構想と実行の分離」により、多くの人々は実行のみに関わる労働を強いられ、「疎外された労働」

を余儀なくされるからである。彼ら・彼女らは、人の指図にしたがって、決められた単純な作業に従事するだけであり、それ自体には何の創造も喜びもない。これは労働者階級に典型的にみられることだが、新中間階級もかなりの程度まで共通である。

しかし第3章でみたように、もっとも疎外された労働を強いられているのはアンダークラスである。仕事の内容やペースを、自分で決めることはできず、仕事のやり方に対する発言権もなく、自分の能力を発揮することもできない。そのうえ低賃金なのだから、賃金を得るためと割り切ってしまうにしても、あまりに見返りが少ない。労働への意欲を維持するのは、きわめて難しい。

政治哲学者のジョン・ロールズは、「自尊（セルフ・リスペクト）」こそが、もっとも大切な社会の基礎だと指摘した。「自尊」とは、自分の活動の意義が認められること、あるいは自分が役に立っていると感じることができるということである。自尊が失われると、「すべての望みや行ないは虚しいものとなり、人は無気力と悲観へと沈んでしまう」。だから、「自尊」はすべての人々に保障されるべき、もっとも重要な財産なのである。*6

格差拡大を擁護する人々は、能力のある人や努力した人には、それだけの高い報酬が与えられるべきだと主張する。しかし報酬を与えられるべきなのは、このような一部の人々だけではない。目立った才能や能力に恵まれず、単純な労働、下積みの労働に従事する人を含めて、すべての人々には社会的な承認というものが与えられなければならない。そうでなければ、人々を労働と社会的貢献へ向かわせることができなくなってしまうのである。

まともに生活することのできる賃金は、そのための十分条件とはいえないかもしれないが、必要条件ではあるだろう。現状ではアンダークラスの賃金はあまりにも低く、このままでは労働への意欲が崩壊することは避けられない。

社会的コストの増大

アンダークラスを含めて貧困層が増加することは、これらの人々に生存権をはじめとする人権が十分に保障されていないという点で、それ自体が問題である。しかし、問題はそれにとどまらない。社会全体にさまざまな問題が引き起こされるからである。

世界各国で行なわれている研究によれば、一定以上の所得水準を実現した先進国どうしで比較した場合、格差が大きい社会ほど、格差が小さい社会に比べて平均寿命が短くなる傾向がある。その理由の一部は、格差が大きいと貧困層が増加すること、そして貧困層は健康を害しやすく、また十分な医療を受けられないことである。しかし、それだけではない。格差が大きいと、貧困層以外の人々の寿命も引き下げられるのである。なぜか。専門の研究者たちは、次のように説明する。

一定以上の所得水準を達成した人々にとっては、所得の絶対的水準ではなく相対的水準、つまり他人より所得が高いか低いかということが重要になる。たとえ生活に不自由がなくても、他人より大幅に所得の低い人々は、強い不満をもち、より豊かな人々に対して反感をもちやすい。このため、たとえ豊かな社会でも、経済格差が大きいと、多くの人々は公共心や連帯感を失ってしまう。このため犯罪が増加し、また精神的ストレスが高まることから健康状態が悪化し、平均寿命は引き下げられる。つまり人々の健康状態は、平等な社会ほどよく、不平等な社会では悪いのである。[*7]

だから貧困層の増大は、豊かな人々にとっても他人事ではない。格差が大きく、貧困層の多い社会は病んだ社会であり、病んだ社会では犯罪が増加し、豊かな人々も含めて健康状態が悪化し、死亡率が上昇するのである。

また貧困層が増えれば、税を払うことのできない人が増大し、同時に社会保障支出が増大する。ここから生じる社会的コストは、どの程度になるだろうか。総合研究開発機構（ＮＩＲＡ）は、次のような試算を行なっている。就職氷河期は、非正規雇用者と無業者を一九一・七万人増加させたが、このうち七七・四万人が六五歳になった時点で生活保護の対象になると予想される。彼ら・彼女らが残りの生涯にわたって生活保護を受け続けたとすると、その費用は一七・七兆円から一九・三兆円になるという。*8

さらに深刻な予測もある。「週刊ダイヤモンド」編集部は、二〇一七年に三五―四四歳の年齢層を氷河期世代と想定して、次のような推計を行なっている。二〇一七年時点で、氷河期世代の非正規雇用者は三六九万人、無業者は三三七万人である。ここから既婚者や国民年金の完納者・免除者を除いて、老後に生活保護に頼らざるを得ない人々の数を推計すると、男性六三・三万人、女性八三・八万人、合計一四七・一万人となる。そして高齢単身世帯の生活保護費と平均余命をもとに試算すると、これらの人々が生涯に受けとることになる生活保護費は、二九・九兆円になるという。*9 ちなみに二〇一八年度の六五歳以上の生活保護受給者は一〇四・二万人だから、氷河期世代の潜在的な生活保護受給者数は、わずか一〇歳の年齢幅だけで、これを四〇万人以上上回ることになる。

孤独の果ての犯罪

氷河期世代のアンダークラスが引き起こした犯罪が、しばしば話題になってきた。生活苦からと思われる犯罪は枚挙にいとまがないが、社会に衝撃を与えた事件を、二つ挙げておこう。

まず、二〇〇八年六月八日の、秋葉原無差別殺傷事件。犯人は一九八二年生まれで、短期大学を出ているから、中期氷河期世代である。中学時代は成績優秀で、高校は地元の有名進学校に入学し、国立大学への進学を希望していたが、その後の成績が伸び悩み、自動車整備工を養成する短期大学に入学した。卒業後は派遣社員などとして職を転々とし、犯行直前はトヨタ自動車の子会社の工場で働いていた。ところが六月はじめ、会社が派遣社員の削減を発表し、自分も削減対象になったと思い込んだのが、犯行のきっかけとされている。

犯行の準備をしながら、モバイル用の掲示板に次々に書き込みをしていたことも話題になった。書き込みには、望まずしてアンダークラスとなった若者の、寒々とした心象風景が綴られていた。[*10]

「派遣がやってた作業をやりたがる正社員なんていないるわけない　自分は無能です、って言ってるようなもんだし」

「人が足りないから来いと電話が来る　俺が必要だから、じゃなくて、人が足りないから　誰が行くかよ」

「勝ち組はみんな死んでしまえ。そしたら、日本には俺しか残らないか。あはは」

そして、当日。休日に大勢の人で賑わう東京・秋葉原の歩行者天国に、暴走してきた二トントラックが突っ込み、通行人をはね飛ばした。さらに止まったトラックから降りてきた男が、ダガーナイフで通行人を次々に刺す。死者七人、重軽傷者一〇人。死者のうち、三人はトラックにはねられたことによる全身または頭部の打撲、四人はナイフで一突きされたことによる失血が死因だった。

次に二〇一二年一〇月から約一年間にわたって続いた、「黒子のバスケ」連続脅迫事件。漫画「黒子のバスケ」作者である藤巻忠俊《ふじまきただとし》と、関係のある学校、放送局、イベント会場、書店などが次々と脅迫された事件である。犯人は一九七七年生まれで、進学校を卒業したものの大学受験に失敗し、のちに専門学校を一年で中退しているから、前期氷河期世代と中期氷河期世代の境目にあたる。コンビニ、工事現場などの職場を転々とし、逮捕時は日雇い派遣で、家賃四万円のアパートに住んでいた。裁判時の冒頭意見陳述で、自分を「無敵の人」と呼び、同じような犯罪が今後も起こるだろうと述べたことが、話題となった。[*11]

自分は人生の行き詰まりがいよいよ明確化した年齢になって、自分に対して理不尽な罰を科した「何か」に復讐を遂げて、その後に自分の人生を終わらせたいと無意識に考えていたのです。ただ「何か」の正体が見当もつかず、仕方なく自殺だけをしようと考えていた時に、その「何か」の代わりになるものが見つかってしまったのです。それが「黒子のバスケ」の作者だったのです。

自分のように人間関係も社会的地位もなく、失うものが何もないから罪を犯すことに心理的抵抗のない人間を「無敵の人」とネットスラングでは表現します。これからの日本社会はこの「無敵の人」が増えこそすれ減りはしません。日本社会はこの「無敵の人」とどう向き合うべきかを真剣に考えるべきです。

二〇一九年には、氷河期世代のアンダークラスが関係する凄惨な犯罪が相次いだ。

六月一日には、農林水産省で事務次官を務めたことのある元エリート官僚が、自宅で長年ひきこもり状態にあり親にたびたび暴力を振るった長男を殺害する事件があった。長男は一九七五年生まれで、私立の中高一貫校を卒業したあと専門学校や複数の大学に通ったが、最終的に大学院の修士課程を修了したのは二〇〇一年だとのことなので、*12 中期氷河期世代とみていいだろう。

七月一八日には、京都市のアニメ制作会社「京都アニメーション」のスタジオに男が侵入し、ガソリンをまいて放火したことから、三六人が死亡するという事件が起こった。被疑者は一九七八年生まれで、定時制高校を出ているから、やはり中期氷河期世代だろう。卒業後は派遣会社に登録するなどして非正規雇用で働き、二〇〇八年のリーマン・ショック時には派遣切りにもあっているという。

アンダークラスに無差別殺傷犯が多いことは、調査からも裏付けられる。二〇一三年、法務省の法務総合研究所は「無差別殺傷事犯に関する研究」という報告書をまとめている。調査対象は、二〇〇〇年三月から二〇一〇年三月に裁判が確定した無差別殺傷犯で、総数は五二人。年齢は一六歳から一九歳が七人、二〇歳代が一四人、三〇歳代が一七人、四〇歳代が七人、五〇歳代が五人、六〇歳代が二人である。時期の幅が一〇年あるので詳細はわからないが、一〇歳代の一部、二〇歳代の大部分と、三〇歳代のうち半数程度が氷河期世代と考えていいだろう。

このうち五人には就労経験がなく、就労経験のあるのは四七人だが、犯行前一年間に有職だったのは二五人で、二七人は無職だった。有職だった二五人のうち、正規雇用は一〇人で、非正規雇用が一三人（他に不明が二名）。そして犯行時には有職者が一〇人にまで減り、うち正規雇用は四人だけだった。つまりアンダークラスではなかったのは四人のみで、他の大多数は雇用形態不明を含めてアンダークラスだったと考えていい。ちなみに犯行当時、八八・二％には異性の交際相手がいなかったという。*13

もちろん、無差別殺傷事件のような凶悪犯罪を引き起こすような人はごく少数であり、アンダークラス一般が犯罪予備軍だなどということにはならない。しかし、少なくともいえるのは、経済的に追い詰められ、社会的に孤立したアンダークラスは、他の人々に比べて、何かのきっかけで犯罪に走る可能性が高く、またこれを引き留める要因が少ないということである。さらにいえば、他の人々が格差容認と自己責任論の傾向を強めるなら、アンダークラスはさらに孤立し、無力感を深めるとともに、社会への憎悪を強めるかもしれないのである。

2. 社会を守るための対策を

必要な二つの対策

氷河期世代が社会の中心になりつつあるいま、最悪のシナリオが近づきつつある。コロナ禍は、これをさらに一歩も二歩も進めたようだ。社会は危機に瀕している。いまこそ、社会を守るための対策が必要だ。必要と思われることを、最低限のものに限って、列挙していこう。必要な対策は、⑴賃金格差の縮小、⑵所得の再分配、の二つに大別することができる。

賃金格差の縮小のために

勤労者の大部分は被雇用者だから、格差縮小のためにまず考えるべきことは、賃金格差の縮小である。所得再分配が有効に行なわれれば、賃金格差は現状のままでいいとの考え方もありうるが、それは好ましくない。なぜなら、先にも述べたように、報酬が少ないということは、その人の貢献が十分に認められていないということ、したがってその人に社会的な承認が与えられていないということを意味するからである。だから人々には、地位の高い低いにかかわらず、また職務の違いにかかわらず、生活が保障されるとともに、自分が社会から尊重されていると実感できるだけの賃金が支払われる必要がある。具体的な方法としては、次のようなものが考えられる。

①均等待遇を実現する

日本の現状では、正規雇用者と非正規雇用者の賃金格差が非常に大きい。アンダークラスが貧困に陥りやすいのは、このためである。同じ職場で正規労働者と同じような仕事をし、場合によっては「先輩」として若い正規労働者を指導するような役割を果たしているにもかかわらず、正規労働者よりはるかに低い賃金で働く人も多い。このような不当な扱いは、ただちに解消されるべきである。すでにＥＵでは、雇用形態による差別が法的に禁止されている。日本でも二〇二〇年四月から（中小企業では二〇二一年から）同一労働同一賃金が施行され、「同一労働」である場合には待遇格差を解消しなければならないこととなった。しかし実際には、「同一労働」の範囲が限定されているなど抜け道が多く、実効性には疑問がある。

同じような均等待遇は、職務が同一あるいは類似している場合なら、雇用形態だけでなく、総合職と一般職、男性と女性、大卒者と短大卒・高卒などの間でも、実現される必要がある。これによって格差は縮小し、非正規労働者、とくに女性の貧困はかなりの程度に解消するだろう。

②最低賃金の引き上げ

近年、日本は最低賃金を少しずつ引き上げているが、それでも二〇二〇年の場合で、全国平均が時給九〇二円だから、正規雇用並みに月間一五〇時間、年間一八〇〇時間働いたとしても、月収一三万五三〇〇円、年収約一六二万円にしかならない。税金と社会保険料を払えば、ひとり暮しでも貧困線を下回る可能性が高い。

近年の国政選挙では、与党を含む多くの政党が、最低賃金を一〇〇〇円まで引き上げることを公約に掲げている。しかし一〇〇〇円になったとしても、年収は一八〇万円で、税金や社会保険料を払うと、一人暮らしなら貧困線ギリギリである。共働きなら年収三六〇万円程度になるから貧困線は上回り、子どもがいても一人だけなら、貧困線より下に落ちることはないかもしれない。しかし子どもの教育を考えれば、まだまだ不足だろう。

当面の目標は一〇〇〇円にするとしても、これを出発点に、最終的には一五〇〇円程度にまで引き上げるべきだろう。一五〇〇円という水準には、他の先進国との比較や、実際に必要な生活費など、いくつか根拠があるが、ここではひとつだけ、単純な根拠をあげておきたい。

二〇一九年の賃金センサスによると、高卒者（男子）の初任給は一六万八九〇〇円だった。これが、特別な教育も訓練も受けていない労働力の平均賃金というわけだから、最低賃金のひとつの目安になるだろう。ただし二年目からは賞与がつくだろうから、その分も考慮に入れよう。仮に年間の賞与が給与月額の四カ月分、これを含めた年収が給与月額の一六カ月分だとし、初任給に一六カ月をかければ約二七〇万円となる。これに対して時給一五〇〇円の労働者が年間一八〇〇時間働けば、年収は二七〇万円で、ぴったり一致する。だから最低賃金を時給一五〇〇円とし、経験を積むにしたがって徐々に引き上げることとすれば、非正規労働者も高卒の新人と同等に扱われたということになるのではないか。

③労働時間短縮とワークシェアリング

さらに抜本的な賃金格差縮小のための手段として有効なのは、ワークシェアリングである。ワークシェアリングとは、ワーク（仕事）をシェアする（分かち合う）こと、つまり一人あたりの仕事の量や労働時間を減らして、雇用される人数を増やすことである。

日本の労働時間は長い。これは米国など格差の大きい国に共通のことで、国際比較をすると、格差の大きい国ほど労働時間が長い傾向がある。[*14] なぜ、格差が大きいと労働時間が長くなるのか。米国で労働長官を務めていたロバート・ライシュは、次のように説明している。

一時間あたりの賃金の格差が拡大すると、どうなるか。低賃金の労働者は、これまで通りの労働時間では生活が困難になるから、いままで以上に働いたり、他の職場を掛け持ちしたりするようになるので、労働時間が長くなる。これに対してもともと高賃金だった労働者の一時間あたりの賃金がさらに上昇すると、まったく別の理由から労働時間が長くなる。なぜなら、長時間働くことによる利益がさらに大きくなり、逆に労働時間を短縮することによる損失が、さらに大きくなるからである。だから、多くの人はより多くの労働を引き受け、休暇をとるのを避けるようになるのである。[*15]

格差を縮小するためには、これと反対にすればよい。まず、正規雇用の労働時間を短縮する。すると、正規雇用の人数を増やさなければならなくなり、より多くの人々が正規雇用の職を得ることができるようになる。こうして雇用が拡大すれば、これまで非正規雇用だった人が、正規雇用の職を得られる可能性が高まる。非正規雇用の仕事では人手不足が起こるかもしれないが、そうなると市場経済の法則で、賃金は上昇するはずだ。このようにワークシェアリングを行なえば、税制や社会保障に頼らなくても、所得の配分をより平等なものに変えていくことができるのである。

所得の再分配のために

賃金格差を縮小しても、資本家階級と他の人々の間の格差は縮小しない。すでに巨万の富を築いた人々と、そうでない人々の間の格差も縮小しない。また失業者、病気などで働けない人々、引退した高齢者、零細な事業を営む自営業者などの貧困も解消しない。そこで必要になるのは、所得の再分配である。

①累進課税の強化

日本の所得税の最高税率は、戦後の混乱期に大幅に引き上げられたが、何度かの改定を経て六五％となった後、一九七四年に七五％へ引き上げられた。しかし一九八四年から段階的に引き下げられて、九九年には三七％となった。富裕層を対象とする減税が続けられてきたのである。他方では、逆進性の強い消費税の導入と税率の引き上げ、低所得者の住民税率の引き上げ、同じく高所得者の住民税率の引き下げなどが行なわれてきたから、税の累進性は大きく損なわれた。その後は少し引き上げられ、二〇一五年には四五％となったが、まだまだ低すぎるし、この間に消費税率は大幅に引き上げられている。

税が累進的になっていれば、税を徴収する前と後を比べると、徴収した後のほうが格差が小さくなるはずである。ＯＥＣＤの行なった国際比較によると、ＯＥＣＤ諸国の平均値で、所得格差の大きさを示すジニ係数は、税を徴収した後のほうが〇・〇三四小さくなっている。ところが日本の場合、税を徴収した後のジニ係数は、徴収する前より〇・〇〇三しか小さくなっておらず、この値は主要なＯＥＣＤ諸国のなかで最低である。つまり日本の税制は、所得再分配の役割をまったくといっていいほど果たしていないのである。[*16]

累進税は、所得再分配のもっとも強力な手段のひとつである。しかし同時に、社会的にみて、きわめて合理的である。なぜなら高所得者は、政府の活動によってもっとも利益を多く得ている人々でもあるからである。高所得者は、本人の努力や才能だけで富を得たわけではない。富を得るためには、社会が安定していること、質の高い教育を受けた労働者がたくさん存在すること、交通や運輸・通信などの社会資本が充実していることなどの条件が揃っている必要がある。そしてこれらは、政府が税金を使うことによって実現されている。だとすれば高所得者が多くの税金を負担するのは当然だろう。

また累進課税の考え方は、消費税や社会保障制度にも導入する必要がある。消費税は、基本的に逆進税である。低所得者は所得のほぼすべてを消費するから、所得全体に消費税率をかけた分を課税される。これに対して高所得者は、所得の一部を消費するだけで、他は貯金したり投資したりするが、この分には課税されないからである。二〇一九年から食料品には軽減税率が導入されたが、効果は大きくない。一般的な食料品や日用品を消費税の課税対象から除外するか、あるいは税率を大幅に下げ、贅沢品の税率は上げるなどして、消費税に累進性を持たせる必要がある。また現状では、国民年金や国民健康保険などの保険料負担率は、低所得者のほうが高くなっている。このため社会保障制度が、むしろ格差を拡大させている側面がある。この点も、改められるべきだろう。

②資産税の導入

ここで資産税というのは、個人が所有する金融資産に対して課税するものである。不動産についてはすでに固定資産税があるが、金融資産には課税されていない。これは不公平というものだろう。ただし、庶民のなけなしの貯金や、老後のための蓄えにまで課税するのは適当でないから、一定額を控除し、これを超える部分に課税するのがいいだろう。

どれくらいの金額になるか、試算してみよう。

野村総合研究所の推計によると、二〇一七年において家計での金融資産総額は一五三九兆円だが、この分布は著しく偏っている。五億円以上をもつ八・四万世帯の超富裕層が八四兆円、一億円以上をもつ一一八・三万世帯の富裕層が二一五兆円、五〇〇〇万円以上の準富裕層三二二・二万世帯が二四七兆円の金融資産を所有している。[*17] 合計四四八・九万世帯、全体の八・四％を占めるに過ぎないこれらの人々の金融資産が、五四六・〇兆円、全体の三五・五％を占めるのである。

ここで仮に、世帯あたり五〇〇〇万円を超える部分に対して一％、さらに一億円を超える部分に追加で一％を課税するとしよう。課税ベースは四九三・九兆円、税収は四・九四兆円となる。これを導入した場合、実際に資産税を払う世帯は一二世帯に一世帯ほどだから、文字通りの富裕税である。一世帯あたりの税額は、超富裕層が一八五〇万円、富裕層が二一四万円、準富裕層が二七万円となる。支払う世帯の七割以上を占める準富裕層の負担は、固定資産税を下回るケースが多いだろう。

老後のための蓄えにまで課税するのは酷だという意見もあるかもしれない。しかし、話題になった金融庁の試算では、二〇〇〇万円の蓄えがあれば年金を補って普通の暮らしができるとのことだから、五〇〇〇万円あれば十分すぎるほどだろう。ただし厚生年金の対象外となっている自営業者や自営業を引退した人などについては、軽減措置が必要だろう。

③相続税率の引き上げ

格差拡大の話をすると、よく出てくる反論に「機会の平等」論がある。これは自己責任論の背景にある考え方で、機会の平等は必要だが、そのうえで行なわれる競争の結果として格差が生じるのは当然であり、こうした格差は受け入れるべきだ、というものである。

しかし現実には、機会の平等は実現していない。その最たるものが、遺産である。人には親から遺産を継承できる人とできない人がおり、また継承できる人の間にも、遺産の大きさの格差がある。継承できる遺産の有無と大きさは、人々の人生の初期条件を大きく左右し、機会の不平等を作り出す。自己責任論の立場からしても、遺産相続から生じる格差は容認できないはずである。

こうした格差を縮小するためには、相続税を大幅に強化する必要がある。その税収は、所得再分配のための重要な財源になるだろう。相続税の最高税率は、一九八七年まで七五%だったが、その後税率が段階的に引き下げられ、二〇〇三年には五〇%となった。二〇一五年には課税最低限が引き下げられ、最高税率もわずかながら引き上げられて五五%となったが、依然として機会の不平等の源泉として重要である。税率は大幅に引き上げられるべきだろう。

もっとも、例外は認めていい。自分が住むのに適切な規模の住宅や宅地、家業に不可欠な店舗や農地などは控除してもいいだろう。東京など地価の高い大都市部では、こうして除外される範囲だけでも一億円程度になる可能性はある。逆にいえば、機会の平等を保障するという観点からは、一億円を超える部分については相続を禁止、つまり税率を一〇〇%にしてもおかしくはない。こんな提案をすると必ず出てくる反論は、「そんなことをしたら日本から富裕層が逃げ出す」というものだが、実際には二〇一七年の税制改正により、家族全員で海外に移住してから一〇年が経過しないと、相続税逃れはできなくなった。それでも一家で海外に移住しようという人もいるかもしれないが、そんな連中は国内にいても社会の役に立たないだろうから、放っておいて、せいぜい移住先で税金を払わせればよい。

どれくらいの税収になるか。国税庁の統計によると、二〇一七年の場合、一億円以上の相続があって課税されたケースは四万五三五九件で、課税価格は平均二億四五五八万円だった。一億円を超える部分の合計額は約六兆六〇三五億円で、税率一〇〇％なら、これがそのまま税収となる。社会保障の充実による所得再分配に、大いに役立つだろう。

④生活保護制度の実効性の確保

以上のような税制によって財源が確保できたら、まず行なうべきことは生活保護制度の大幅な拡充である。

今日の日本では、生活保護制度がうまく機能していない。捕捉率（貧困状態にある人々のなかで、生活保護を受給できている人の比率）が二割程度と低すぎるのである。ヨーロッパ諸国の捕捉率が六割から九割程度であるのとは、雲泥の差がある。[*18] 行政の怠慢や生活保護受給者に対するバッシングなど、いろいろな原因はあるが、最大の原因は、受給のための条件が厳しすぎて、最低生活費一ヵ月分以上の預貯金があってはならないとされていることである。

このため多くの貧困状態にある人が、なけなしの貯金があるために生活保護を受けられず、このささやかな貯金を少しずつ取り崩して生活し、貯金を失った末にようやく生活保護基準を満たすようになるという事例が激増している。生活保護を新たに受ける人のうち、「貯金等の減少・喪失」が保護開始の理由である人は、一九九七年には八五四世帯に過ぎなかったが、これが二〇一六年には月平均で五六二九世帯にまで激増しているのだ。これは「傷病による」「働きによる収入の減少・喪失」を抑えて堂々の一位で、全体に対する比率は三五・五%に上っている。

これに対して英国では、一万六〇〇〇ポンド（約二三〇万円）以上の貯金があると保護を受けることができないが、八〇〇〇ポンド（約一一〇万円）以上一万六〇〇〇ポンド未満の場合は減額されるものの保護を受けることができ、八〇〇〇ポンド未満なら満額を受け取ることができる。*19 日本でも、一〇〇万円くらいまでは貯金があっても生活保護が受けられるようにすべきだろう。

困難を抱えた人を見つけるために

これまであげたような対策は、もちろん氷河期世代に限定されるものではないし、氷河期世代に限定することは好ましくない。

氷河期世代が、それ以前の世代に比べて格段に大きな困難を抱えていることは事実である。しかし、ポスト氷河期世代も、状況が大きく改善されているわけではなく、むしろ共通点が多い。氷河期世代に限定した対策をとるならば、ポスト氷河期世代が放置されることになりかねない。氷河期世代にはアンダークラスをはじめとする貧困層が多いから、最低賃金の引き上げや所得再分配の強化などを行なえば、他の世代より相対的に多くの利益を得るということはあるかもしれない。しかしこれらの対策は、すべての人々に平等に適用されるべきことであって、世代その他の属性によって適用の仕方を変えるべきことではない。

ただし、考慮しなければならない人々がいるのも事実である。それは、中期氷河期世代である。第2章でみたように、この世代には他の氷河期世代以上に困難を抱えた人々が多く、このことはこの世代の「下流意識」の強さにもくっきりと反映されている。中期氷河期世代だけを対象とする対策をとる必要はないが、この世代の人々についてより入念に情報を集めたり、あるいはこの世代の人々により多くの情報を提供したりするというようなことはあっていいだろう。それだけ、多くの困難を抱えた人々を発見できる可能性が高まるからである。

3. 氷河期世代の役割と日本の未来

内部対立とその帰趨が鍵を握る

第４章では、氷河期世代の格差に対する意識と政治意識について検討したが、その結果からみるかぎり、氷河期世代が積極的に政治参加したり、格差や貧困の解消に向けて行動したりするという兆しはみられなかった。とはいえ、これから社会の中心を担っていくのは、この世代である。このまま、何の役割も果たさないということは考えにくい。

第４章での重要な発見のひとつは、氷河期世代が格差の問題について、厳しい内部対立を抱えているということだった。一方には、自己責任論の立場に立って格差拡大を容認する傾向の強い資本家階級と新旧二つの中間階級がいる。他方には、自己責任論を否定し、格差の解消を求めるアンダークラスがいる。後者は就職氷河期の犠牲者であり、前者はこれをくぐり抜けた、いわば勝者である。

もちろん資本家階級と新旧二つの中間階級の人びとのすべてが格差拡大を容認しているわけではなく、アンダークラスと同じような立場をとる人々もいるわけで、より正確にいえば、一方に勝ち組氷河期世代が、他方にアンダークラス、そしてアンダークラスと連帯する氷河期世代がいる、という対立関係である。この世代は、こうした対立関係をはらんだまま、これから社会の中枢に入っていくのだろう。

これは、何を意味するか。それは、氷河期世代の内部対立とその帰趨《きすう》が、日本の未来を決定するということである。

氷河期世代を代表する論客で、作家、そして社会活動家の雨宮処凛《あまみやかりん》(一九七五年生まれ)は、自分たちの世代を「ロスジェネ」と呼ぶことが多いのだが、社会学者の貴戸理恵(一九七八年生まれ)との対談で、こんなことをいっている。[*20]

ロスジェネはある意味、一応総中流が壊れたなかで、前人未踏の地を切り開くトップランナーなので、これからたくさんモデルをつくっていけば、それは下の世代にも役立ちますね。

序章で私は、氷河期世代は日本社会の構造的な変化を体現する先駆者的な世代だと書いたが、雨宮は自分の世代が置かれた状況を、主体として積極的に受けとめている。

この前後で二人が語っているのは、次のようなことである。ロスジェネには正規雇用に就けず、家族をもてない人が多い。だから、そういう人々がハッピーに生きていける方向へ、働き方や家族のあり方、社会保障の制度などをつくっていく必要がある。個人のレベルでも、シェアハウスのような新しい生活のあり方を考えていく必要がある、というのである。

氷河期世代の反主流派であるアンダークラスが生活しやすい社会は、おそらくすべての人々が生活しやすい社会であるに違いない。それはジョン・ロールズの「公正としての正義」にかなう社会であろうからである。

ジョン・ロールズによると、望ましい社会のあり方というものは、自分の地位や所属する階級・身分・性別などの属性、さらには資産や能力などについて、何も知らないという条件の下で考えなければならない。なぜなら、こうしたことを知っていると、人は自分の属性や資産、能力に鑑みて、自分に有利になるような社会を構想してしまうからである。

このような条件のことを、ロールズは「無知のヴェール」と表現した。「無知のヴェール」をまとって考えたとき、人々は、もしかすると不運にも自分は、無一文で、能力もなく、助けてくれる人もいないという、この世でもっとも不遇な立場に置かれているかもしれないと考え、そんな自分が不利にならないような社会が望ましいと考えるだろう。そして、「自然の運や、偶然の社会状況によって、何人も有利になったり、不利になったりするべきではない」ということに合意するだろう。これがロールズの考える「公正としての正義」である。*21

氷河期世代のアンダークラスの視点から、望ましい社会を考えるというのは、まさにそういうことである。だから氷河期世代、とくにアンダークラスとこれに共感する人々は、これからの社会のリーダーになる資格がある。氷河期世代がその内部対立を乗り越え、合意形成を成し遂げたとき、日本の社会には新しい未来が開かれるに違いない。

注釈

序章

＊1　道下裕史「フリーター生みの親が語る」「Ｗｏｒｋｓ」六五号／二〇〇四年

＊2　連合総合生活開発研究所「新たな就職氷河期世代を生まないために――就職氷河期世代の経済・社会への影響と対策に関する研究委員会報告書」二〇一六年

＊3　藤田孝典『続・下流老人　一億総疲弊社会の到来』朝日新書／二〇一六年

＊4　以下ではこの四階級分類をもとに、各階級の特徴と違いをデータによって明らかにしていくが、その際には次のような分類を用いている。

資本家階級　従業先規模が五人以上の経営者・役員・自営業者・家族従業者

新中間階級　専門・管理・事務に従事する被雇用者（女性と非正規の事務を除外）

労働者階級　専門・管理・事務以外に従事する被雇用者（女性と非正規の事務を含める）

旧中間階級　従業先規模が五人未満の経営者・役員・自営業者・家族従業者

資本家階級と旧中間階級の境界を従業先規模五人以上と未満としたのは、企業を対象とする多くの統計調査が調査対象を企業規模五人以上としているなど、一般に「企業」というものの通念が五人以上の事業体を指していること、またデータからも、これを境に経営者や自営業者の収入や生活実態が大きく変化することがたしかめられるからである。正規雇用の事務職を男性では新中間階級、女性では労働者階級としたのは、二一世紀に入って女性総合職の採用が本格化するまで、男性事務職は管理職コース、女性事務職は単純事務労働というような、性別職務分離が明確だったからである。

なおSSM調査の職業分類では、課長以上の役職者でも、もっぱら販売・サービスや現場のマニュアル労働に従事している場合は管理職に分類されない。このため今回の分析では、課長以上の役職に就いている被雇用者は、専門・管理・男性事務職以外に分類されている場合でも新中間階級とみなした。

＊5 国勢調査には従業員規模に関する設問がないため、経営者・役員や自営業者の場合には、雇人がひとりでもいれば資本家階級に分類した。このため資本家階級の規模が過大に表われている点に注意が必要である。また近年の国勢調査では、大都市部で職業が無回答のケースが増加しており、これを一律に集計から除外すると、労働者階級の比率が非現実的に小さくなってしまう。このため職種が不詳の被雇用者は労働者階級に分類することとした。

＊6 雇用が不安定な若年労働者は、こうした調査に回答しない傾向がある。近年の新中間階級比率の上昇の少なくとも一部は、こうした無回答の増加によって母数が減少したことによるものと考えられる。

＊7 国勢調査では調査方法の違いから、就業構造基本調査より就業者の数が小さめに出る。このため非正規労働に従事するアンダークラスは、図表0－7より約一二〇万人少ない。

＊8 本書のうちSSM調査データの分析による部分は、科学研究費特別推進研究事業（課題番号二五〇〇〇〇〇一）に伴う成果のひとつである。二〇一五年SSM調査データについては、二〇一七年二月二七日版（ヴァージョン〇七〇）のデータを用いた。

＊9 調査研究にあたっては、科学研究費補助金（基盤研究A　課題番号一五H〇一九七〇）の交付を

受けた。

第1章

＊1 リクルート社の就職雑誌「就職ジャーナル」が一九九二年一一月号で用いたのが最初とされることが多い。
＊2 「朝日ジャーナル」一九八九年一一月三日号。引用は佐藤龍子「大学『ゴールデンセブンの時代』と臨時的定員政策を考える」（「社会科学」七八号／二〇〇七年）より
＊3 一年ごとのキャリアについての分析では、保田時男氏によるSSM2015パーソン・イヤー・データ変換SPSSシンタックスを利用した。保田氏に感謝の意を表する。
＊4 労働政策研究・研修機構「若年者の就業状況・キャリア・職業能力開発の現状③――平成29年版『就業構造基本調査』より」二〇一九年
＊5 藤田孝典『棄民世代 政府に見捨てられた氷河期世代が日本を滅ぼす』SB新書／二〇二〇年
＊6 連合総合生活開発研究所「新たな就職氷河期世代を生まないために――就職氷河期世代の経済・社会への影響と対策に関する研究委員会報告書」二〇一六年
＊7 同様の方法で氷河期世代と前後の世代を分類して分析した研究として、堀有喜衣「『就職氷河期世代』の現在――移行期からの検討」（「日本労働研究雑誌No.706」）、労働政策研究・研修機構「若年者の就業状況・キャリア・職業能力開発の現状③――平成29年版『就業構造基本調査』より二〇一九年」がある。ただし、世代の境界の設定は少し異なる。

第2章

＊1 日経連・東京経営者協会「高校新卒者の採用に関するアンケート」（二〇〇〇年）による。引用は小杉礼子「変わる若者労働市場」（矢島正見、耳塚寛明編『変わる若者と職業世界――トランジションの社会学』学文社／二〇〇一年）より

＊2 二〇一七年一二月と二〇一八年六月に放送。その後、NHK「クローズアップ現代＋」取材班『アラフォー・クライシス「不遇の世代」に迫る危機』（新潮社／二〇一九年）にまとめられた。

＊3 「日本経済新聞」二〇一〇年一二月九日

＊4 赤林英夫「丙午世代のその後――統計から分かること」（「日本労働研究雑誌569」二〇〇七年）

第3章

＊1 ハリー・ブレイヴァマン著／富沢賢治訳『労働と独占資本』岩波書店／一九七八年

＊2 チンパンジーのように高度な知能をもつ類人猿の場合には区別があるのかもしれないが、ここではひとまず措く。

＊3 本書と同じ二〇一六年首都圏調査データを用いた研究に、片瀬一男・浅川達人「アンダークラスのメンタルヘルス」、橋本健二、浅川達人編著『格差社会と都市空間――東京圏の社会地図1990－2010』（鹿島出版会／二〇二〇年）がある。

＊4 ハリー・ブレイヴァマン著／富沢賢治訳『労働と独占資本』四四二頁／岩波書店／一九七八年

＊5 「日本経済新聞」一九九七年二月八日夕刊

＊6 K6尺度は、米国のケスラーらによって開発され、うつ病・不安障害などの精神疾患をスクリー

ニングするために広く用いられている。二〇一六年首都圏調査で用いたのは、二〇一五年SSM調査研究会が、これをアレンジして新たに作成した尺度であり、本来のK6尺度とは一部異なっており、「いらいらする」「絶望的な感じになる」「そわそわして、落ち着かない」「気持ちがめいって、何をしても気が晴れない」「何をするのもおっくうな気持ちになる」「自分は何の価値もない人間のような気持ちになる」の六つの設問から構成されている。集計にあたっては、回答をそれぞれ〇点から四点に得点化し、合計二四点満点とした。

第4章

＊1 米田幸弘「自民党支持層の趨勢的変化――その『保守』的性格の変質」石田淳編『二〇一五年SSM調査報告書八　意識I』

終章

＊1 厚生労働省『平成27年版厚生労働白書――人口減少社会を考える』二〇一五年
＊2 貴戸理恵「生きづらい女性と非モテ男性をつなぐ――小説『軽薄』(金原ひとみ)から」(「現代思想」二〇一九年二月)
＊3 太郎丸博「若年非正規雇用と結婚」(『現代の階層社会1　格差と多様性』東京大学出版会／二〇一一年)
＊4 厚生労働省「第7回21世紀成年者縦断調査(平成24年成年者)」二〇一九年
＊5 連合総合生活開発研究所『新たな就職氷河期世代を生まないために――就職氷河期世代の経済・

社会への影響と対策に関する研究委員会報告書』二〇一六年
＊6　ジョン・ロールズ著／川本隆史、福間聡、神島裕子訳『正義論』（改訂版）紀伊國屋書店／二〇一〇年
＊7　リチャード・G・ウィルキンソン著／池本幸生、片岡洋子、末原睦美訳『格差社会の衝撃――不健康な格差社会を健康にする法』書籍工房早山／二〇〇九年
リチャード・G・ウィルキンソン、ケイト・ピケット著／川島睦保訳『格差は心を壊す　比較という呪縛』東洋経済新報社／二〇二〇年
＊8　総合研究開発機構編集発行「就職氷河期世代のきわどさ――高まる雇用リスクにどう対応すべきか」二〇〇八年
＊9　「週刊ダイヤモンド」二〇一八年四月七日号
＊10　「毎日新聞」二〇〇八年六月一〇日、同六月一五日、「AERA」二〇〇八年六月二三日号
＊11　渡邉博史『生ける屍の結末――「黒子のバスケ」脅迫事件の全真相』創出版／二〇一四年
＊12　『中年息子の引きこもり』事件で明らかになった『8050』問題」「現代ビジネス」二〇一九年六月七日
＊13　法務総合研究所『法務総合研究所研究部報告50』二〇一三年
＊14　Bowles,S. & Park, Y., Emulation, Inequality, and Work Hours : Was Thorsten Veblen Right?, The Economic Journal, 115 (November), 2005
＊15　ロバート・B・ライシュ著／清家篤訳『勝者の代償――ニューエコノミーの深淵と未来』東洋経済新報社／二〇〇二年

＊16 OECD, Growing Unequal? Income Distribution and Poverty in OECD Countries, 2008
＊17 野村総合研究所「日本の富裕層は一二七万世帯、純金融資産総額は二九九兆円と推計」二〇一八年一二月一八日
＊18 生活保護問題対策全国会議監修／尾藤廣喜、小久保哲郎、吉永純編著『生活保護「改革」ここが焦点だ！』あけび書房／二〇一一年
＊19 吉永純、後藤道夫、唐鎌直義「膨大な『保護からの排除』を示す――厚生労働省『生活保護基準未満の低所得世帯数の推計について』を読む」「賃金と社会保障」No．１５２３一〇月上旬号／二〇一〇年
＊20 雨宮処凛、倉橋耕平、貴戸理恵、木下光生、松本哉編著『ロスジェネのすべて――格差、貧困、「戦争論」』一四二頁／あけび書房／二〇二〇年
＊21 ジョン・ロールズ著／川本隆史、福間聡、神島裕子訳『正義論』（改訂版）紀伊國屋書店／二〇一〇年
ジョン・ロールズ著／田中成明編訳『公正としての正義』木鐸社／一九七九年

著者紹介

橋本健二（はしもと・けんじ）

一九五九年、石川県生まれ。東京大学教育学部卒業。東京大学大学院博士課程修了。静岡大学教員などを経て、早稲田大学人間科学学術院教授。専門は社会学。著書に『新・日本の階級社会』（講談社現代新書）、『アンダークラス——新たな下層階級の出現』（ちくま新書）、『〈格差〉と〈階級〉の戦後史』（河出新書）、『中流崩壊』（朝日新書）などがある。

アンダークラス2030

置《お》き去《ざ》りにされる「氷《ひょう》河《が》期《き》世《せ》代《だい》」

印刷　2020年10月20日
発行　2020年10月30日

著者　橋本《はしもと》健二《けんじ》
発行人　小島明日奈
発行所　毎日新聞出版
〒102-0074
東京都千代田区九段南1-6-17　千代田会館5階
営業本部　03-6265-6941
図書第二編集部　03-6265-6746
印刷・製本　図書印刷

ISBN978-4-620-32656-6